男人為何不明察
女人幹嘛不明說

五百田達成 著
陳怡君 譯

37個辨識溝通性格的方法

關鍵場合這樣得體應答

專家推薦

吳若權 作家、廣播主持人 ／ 楊聰財 楊聰財身心診所院長、國防醫學院兼任副教授

林萃芬 專業諮商心理師 ／ 蘇陳端（貴婦奈奈）諮商心理師、作家

- 男女之間，所有猜不透的心思、解不開的誤會，都能因為讀完這本書而盡釋前嫌，好好幸福在一起！

——吳若權

- 這本書真的太有趣了！諮商心理師五百田達成做足腦科學的功課，將各種知識加以理解與消化，進一步化為生動、實用的文字，有系統性地解說「男／女」溝通性格面對各種生活實境的因應差異。書中還收錄有「溝通性格檢測表」，想知道自己的溝通性格是「男」、還是「女」嗎？歡迎打開這本書自我評估一下，我周遭的志願受試者都說「好準」！

——楊聰財

- 能敞開心胸和別人自在聊天是最開心的事，但若總是少根筋地不懂察言觀色、或是拙於表達而被曲解，隨之而來的不必要誤會就變成麻煩，也難怪越來越多人為了保護自己，漸漸不愛表達也不想交朋友。這本書的出現，就是為了解決現代人的社交煩惱，用大量生活化的例子幫助大家輕鬆進入溝通的世界。它看似一本兩性關係書，卻不止於此，而是以更廣泛的「男性化／女性化」溝通類型，引領我們深入理解溝通的技術，真正學會好好說話、愉快相處！

——蘇陳端（貴婦奈奈）

讀者佳評

● 這是一本教導我們如何「與自己不同之人相處」的書。面對想法不同或不喜歡的對象，如何與之交談而不會感受壓力、如何順利取得對方的協助……作者以淺顯易懂的案例分享溝通技巧，讓人不斷聯想起和家人、同事、朋友相處的各種情境，讀來輕鬆又有趣。

● 在「強化人際關係」的書籍中，這算是寫得最好的一本。作者的分析觀點強而有力、見解犀利；對比式的標題呈現，讓人當下就在內心大喊：「說得一點也沒錯！」這是一本值得放在身邊隨時參考的好書，我給它五顆星！

● 如果我能早點看到這本書，人際關係一定會更好吧，這本書真應該列入義務教育的教科書。除了認識自己，我也希望更了解上司、異性同事的想法及價值觀，所以很認真地反覆閱讀它，期待與大家建立更圓融的互動關係。

● 因為自己是已婚者，對書中關於婚姻生活的解說完全贊同，也使我原本悲觀的態度豁然開朗。現在，我學會和先生溝通時要記得稱讚對方、遇到困難時先別去追究對錯，彼此理解與支持才是最重要的事，真是獲益良多，太感謝了！

Contents
目錄

PART 2

戀愛應用題
正是因為互不了解，才會彼此吸引

PART 3 婚姻磨合術

在家裡，女人是老闆、男人是員工

PART 4

工作相處學
各取溝通所長，讓職場活動更順暢

前言

知己知彼，讓人際溝通更自在

五百田達成

大家好！我是五百田達成。我所從事的工作，是把以往自己在出版社及廣告公司累積的職場歷練，轉化為確實可行的諮詢／指導技巧，以明確的建議協助人們更圓融地處理職場關係或人際互動。

這樣解釋或許有一點艱澀難懂，簡單地說，就是協助大家解決諸如此類的困擾——「為什麼他不了解我？」「為什麼跟這個人老是有理說不清？」「就是無法好好跟某些人相處」……好讓人際關係變得更「圓融」。我覺得自己就像是人與人之間的「翻譯工具」。

內心的「情緒」難以捉摸，很難只靠「語言」或「態度」傳達給對方

也許你會訝異，與使用相同語言的人溝通，為何還需要翻譯？那是因為暗藏在內心的「情緒」很容易引起誤解、難以捉摸，光靠「語言」或「態度」，實在很難完整傳達給對方了解。

例如，男性長官把工作交給女性下屬，然後跟她說：「這件事情不難，就交給妳吧。」這時候，女性下屬內心是怎麼想的呢？

即便長官是基於這樣的心態在交辦工作——「這件事『對妳來說』並不難，應該很快就能完成，麻煩妳了。」但這樣的想法未必能完整地傳達給對方。說不定有些女性還會誤解長官是認為自己「反正就只適合做些簡單的事」呢。

這其中的問題，就出在男性使用了女性無法了解的說話方式。

再舉個更複雜的例子。男友問女友說：「妳之前都跟什麼樣的男生交往？」女友因為已經完全忘了前男友，於是回答：「我不記得了。」

這時，男友心裡又是怎麼想的？一個簡單明瞭的問題卻得不到確切的答案，

當下內心也變得比發問之前更加不安，因此在交往期間，也許會不停地再三提出相同的問題。

之所以會如此，原因就是女性不了解男性的思考模式。

工作與戀愛也許是不盡相同的情境，但在男女之間，的確經常出現溝通不良的狀況。大家應該多少都曾疑惑過男友或老公、長官「為什麼會說出這種話」，生氣女友或太太、後輩「怎麼會做出這種事」吧？說不定還有人只能高舉雙手投降，搖頭嘆息：「真搞不懂你們在想什麼啊……」

不過別擔心，有這種煩惱的人不只你一個。男人與女人之間的溝通，真的比和外國人接觸還難！甚至可以說，「男人與女人根本就是不同星球的生物」。

俗話說：「相鄰兩國特別容易吵架。」文化越是相近，即便只是小小差異，也會讓人分外介意、甚至造成不快。男女之間也類似如此。明明是相當複雜的個別差異，卻因為都是同文同種，覺得一定「講得通」，以致於在職場或家庭中就引發了磨擦衝突。彼此都是同文同種卻無法以言語溝通，便足以讓小狀況演變成嚴重事態了。

本書所定義的「男」、「女」並非只針對性別，而是一種以「溝通方式」來區隔的類別

人無法只簡單地區分成「男」與「女」兩類。本書中所謂的「男」、「女」並非針對性別，而是一種以「溝通方式」來區隔的類別。這樣舉例或許有點極端，但這確實類似政治上的左派與右派之分。也就是說——

以男性的方式感受、思考、說話和表達的人，稱之為「男性化」；

以女性的方式感受、思考、說話和表達的人，稱之為「女性化」。

針對先前的例子，或許有人會反駁：

「我也是男性，但我不會那樣說話。」

「我是女性，但我對前男友可是記得一清二楚。」

在這世上，有性別是女性、就連思考模式也完全「女性化」的人；也有性別是女性、但思考模式卻完全「男性化」的人。另外，有的人則是性別為女性，但工作時的思考邏輯偏向「男性化」，戀愛時的思考邏輯又偏向「女性化」。當然，男性也可能如此。

隨著繼續閱讀本書，大家自然會明白自己的溝通模式是偏向男性或女性。不過，大家也可以多利用本書014頁附錄的檢測表，先找出自己屬於哪一種模式。

了解「異性」的思考邏輯和行為模式，就能運用使對方愉悅、讓對方明白的方法來溝通

明白自己的溝通模式是偏男性或偏女性之後，接下來就容易了——只要多了解自己不善溝通的「異性」所抱持的思考邏輯、行為模式和習性等，運用使對方愉悅、讓對方明白的說話方法即可。

因此，在本書探討的所有情境或主題中，都以「男人（女人）如是說，女人（男人）才會懂」的形式，來介紹各種「溝通魔法關鍵句」。這些句子全都可以現學現用，大家就當成是學習外語，在日常生活中勤加練習吧。

這時候，不需要苛求自己非得百分之百了解「異性」的想法，即便心中有小小不滿：「為什麼他沒有發覺？」「如果他能這樣跟我說就好了。」不妨暫時藏起這些情緒，把自己想說的話機械式地翻譯成另一種說法吧。

請回想學生時代學習英文文法的情況：「這個過去分詞是什麼東西啊!?」雖然搞不清楚，但我們還是會硬背下來，先通過即將面臨的考試再說。在學習新的語言時，這個方法是最快速的捷徑了。

首先，我們會在〈溝通基本功〉中學習男女最基本的相異之處，接著就可以循序進入〈戀愛應用題〉、〈婚姻磨合術〉和〈工作相處學〉各大篇，做更進一步的了解。請選擇最困擾你的情境、或你最感興趣的部分開始閱讀吧。希望本書能夠順利幫助大家「圓融」地解決人際關係的煩惱。

男／女
溝通性格檢測表

遇上這些情境，你會如何反應？

（請從左表中選擇A或B）

❶ 受到別人的讚美時——

A 希望別人說：「你好棒！」

B 希望別人說：「真不愧是你！」

❷ 你算是一個——

A 沉默寡言的人

B 健談話多的人

❸ 你想看的是——

A 全美賣座冠軍的電影

B 在歐洲獲得極高評價的電影

❹ 最抗拒不了異性的——

A 曖昧態度

B 直接告白

❺ 嚮往的工作類型是——

A 可以出人頭地或有所成就的工作

B 只有自己才能做好的工作

❻ 喜歡的諺語是——

A「滴水穿石」

B「知難行易」

❼ 被客戶抱怨時會下意識地——

A 不希望對方看不起自己

B 希望對方不要生氣

8 內心曾經閃過這樣的念頭——

A「真不想變成大人」

B「好想成為成熟的大人」

9 比較不擅長的是——

A 腦力激盪（自由發想）

B 說明介紹（彙整發表）

10 難得放假，想去的地方是——

A 經常光顧的老地方

B 覺得似乎不錯的新開幕店家

11 工作上遇到困難時，你會先——

A 向上司報告

B 找交情好的同事商量

12 想去買雙鞋子時——

A 先上網找資料，並且到鞋子賣場或鞋店看個仔細

B 到處逛呀逛，結果卻是買了包包

13 對於算命——

A 沒什麼興趣

B 非常喜歡

14 有時間可以悠閒地讀本書時，你想看——

A 能夠增加知識的商業書

B 描寫人性機微的小說

記分方法

答完問題後，計算選擇A的數量。

接著請翻到下一頁，對照自己是屬於哪個類型。

看看你是哪一種溝通類型？

A有
11~14個

純男性

「十分」男性化的溝通類型。如果你是女性，學生時代跟女生相處起來一定很辛苦吧？

A有
7~10個

偏男性

「稍偏」男性化的溝通類型。如果你是女性，個性應該是大而化之，身邊也有不少男性友人。

對照結果

這並不是以生物學為基礎的男女之分、也不是個性診斷，純粹是針對溝通模式所進行的檢測。

你是偏男性？還是偏女性？對照出來之後，我們就馬上來看看不同情境下的各種溝通實況吧。

A有 4~6個

偏女性

「稍偏」女性化的溝通類型。如果你是男性，一定有不少女性說過你是個「不錯的聊天對象」。

A有 0~3個

純女性

「十分」女性化的溝通類型。如果你是男性，與女性聊天會比跟男性交談來得開心。

男女的溝通方式，確實是天差地遠。並不是誰的做法比較貼心，也不能說是誰對誰錯，之所以有所不同，是因為受到腦部構造、心理特徵及社會風氣的多重影響，才造成人類的溝通方式有「偏男性」或「偏女性」之分。

男女的溝通方式大不相同，說這兩者「簡直無法互通」也不為過。無論是認為「再怎麼說還不都是人類」而不求甚解、或者妄想矯正對方，最終都只是徒增自己的壓力。在本篇中，要介紹的是「溝通的基本模式」，亦即男女在說話及思考邏輯、感受方式、人際關係、價值觀等面向中最具代表性的差異範例。看過了這一篇，接著進入戀愛、婚姻、職場或任何感興趣的篇章後，慢慢就會覺得「嗯嗯，原來如此啊！」，而能加以融會貫通了。

歡迎加入近在咫尺卻又遠在天涯的男女溝通世界！一起來學習、了解他或她的言行舉止背後所隱藏的真實意涵、以及正確的因應之道吧。

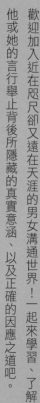

PART 1 溝通基本功

從思考到表達，男女如此大不同！

scene

1

溝通模式

男人不明察 女人不明說

男人的遲鈍和不長眼，是因為壓根兒沒有觀察和留意的習慣

男女的溝通方式，最大的不同莫過於——「男人不明察，女人不明說」。

男人很不會察言觀色，簡單來說就是遲鈍。職場上最常被抱怨「不長眼」或「反應遲鈍」的幾乎都是男性，這些人並非是注意力或觀察力不足，而是壓根兒沒有這樣的習慣或意識。

人類的記憶力是一種很奇妙的東西，但男人因為怠於觀察日常生活裡的人事物，腦中的記憶也就更加模糊曖昧了。完全沒發覺女友剪了新髮型的男人，正是

因為沒將女友的頭髮長度納入「必要訊息」，才會如此「視而不見」。

來回顧一下男性的成長史吧，男性從小就被教育「不可拘泥於小事」，一旦對某些細節或微小變化大驚小怪，往往會被斥責：「你這樣還是個男人嗎！」凡事要大而化之、身旁有任何風吹草動都要處變不驚，就這樣慢慢長成一個「不拘小節」、「不求甚解」的男子漢（笑）。尤其是無需在意周遭變化的「獨生子」或「長子」，這種傾向就更強烈了。

女人探查訊息的「觸角」敏銳，只要稍有改變，就會立刻發現

相對地，女性就很懂得察言觀色。從卑彌呼[1]到太古時代的靈媒、巫女，清一色都是女性。因為女性的感受性——也就是察覺能力，實在比男性高明許多。

因此，一群女人聚在一起時，總能連珠炮似地彼此對話：「那個好可愛喲！」

1 古代日本邪馬台國的女王，亦即《三國志》中所載與曹魏往來甚密的倭女王，能使鬼道（方術），以妖惑眾。

「這個比另外那個……」在男人眼中，這應該只有超能力者才辦得到吧。

日語中因為指示語較多，加上習慣把結論擺在後面說，就語言的屬性來看比較偏女性。相較於從結論談起、偏男性化的英語，日語可以算是一種「類超能力」的語言。

而能夠靈活使用日語、毫無脈絡可循地隨興變換話題的日本女性，更是超能力者中的佼佼者。男人之所以無法理解女人，一方面也是因為自己做不到這一點吧。女性一定要謹記，若是以這種「超能力般的說話方式」與男性交談，對方肯定落荒而逃。

此外，女人的天性是照顧家庭，對於旁人的言行舉止感知度特別敏銳，對於最重要的孩子及家人的健康狀況更是時時關心，察言觀色也就自然而然變成了習慣。（男人的天性是狩獵，因此對自然環境、氣溫、地形等有較強的觀察力）。

童年時，我們多少都有過這樣的經驗吧——被正在廚房忙著做家事的母親提醒：「看電視的時候要坐好！」或者「你眼睛在看哪裡呀……」男性或許也曾被女友發現：「你換髮膠了嗎？」對女友竟注意到這種細微變化而大感吃驚吧。

幹嘛啦！
擋到我的電視了。
飛來
飄去

你說喜歡短髮我才
剪的，你竟然都沒
發現(哭)……
啊!!
真的耶……
After
Before

能夠察覺另一半出軌的「女性直覺」，應該也是基於女性擁有各種敏銳的觸角，只要稍有改變就能馬上發現的緣故吧。

「拜託你也要用心一點吧！」對於失去絕對主導權的男人，女人開始表達不滿

某天，長期參加社交舞活動的女性友人告訴我這樣一件趣事。

「社交舞通常是由男性主導，女性基本上什麼事都不必做、也不太需要耗費體力。重點是要懂得『心領神會』——察知接下來該做什麼、腳該往哪處移動並跟著配合，這才是女舞伴該做的事。」

當然這純屬個人想法，但的確是一種有著明顯暗示的分析。主導的是男性，女性則負責配合，這種男女關係堪稱是傳統美德的濃縮呈現，從中古時代起便是人們謹奉的文化圭臬。

只是，職場上也好、戀愛時也罷，現代的男性已不再像過往扮演著絕對領導者的角色了。女性只要一覺得：「咦？事情應該不是這樣哦。」便會表露不悅，

這才是當今社會的實際狀況。「由你領頭，我自然會跟著配合」的模式早已蕩然無存，女性甚至還會抗議：「為什麼只有我得用心？你也要用心一點呀！」而深感不滿。

「可以有條理地講清楚嗎！」對於不擅解釋說明的女性，男人顯得很不耐煩

相對於「男人不懂察言觀色，女人很懂得看臉色」，還有一個現象是——男人很喜歡解釋，女人則說不清道理（甚至乾脆不講理）。

例如，撰寫工作檢討報告時，女性容易顯得情緒化、或直覺地寫出「真的很糟糕！」「實在非常抱歉，可是……」這一類明顯透露自己陷入恐慌的文字。比起該檢討的內容，她們會優先表達自己的情緒，甚至長篇大論地闡述心情轉折、或各種藉口理由，寫了一大堆就是看不到結論，因此男性才會認為「女人就是不懂得講重點」。

另一方面，男性在寫檢討報告時，就能清楚地說明「事情是因為這樣那樣，

才導致問題的發生」。（但也因為太過輕描淡寫，常被主管怒斥：「你真的有在反省嗎？」）不像女性「愛聊天」，男人擅長的是一開口便切入重點，有條理地將事情講明白。

遺憾的是，工作場合重視的是條理和數字，最不在乎的便是情緒與直覺。希望對方像個男人般回應的男性，會期待「不擅長說明」的女性「把事情有條有理地說清楚」，一旦女性的回應是「這種事就算不說你也該懂」，便會立刻怒火中燒，男女之間的相處也就出現了裂痕。

於是，男人便暗下結論：「女人就是容易感情用事，根本不適合出來工作。」這種話一旦傳進女性耳裡，誤解的裂痕就會擴大成鴻溝了。想要預防這種慘事發生，一定要知己知彼，了解彼此的擅長與不擅長之處才行啊。

不要認為對方「應該都懂」，
先以對方「不太懂」我的想法為前提，把話說清楚

女性談戀愛時，特別「不愛說清楚、講明白」。

約會時，男友老是盯著手機螢幕，女友心裡其實很不高興，但男友不明白女友為何突然不說話了，只是一直問著：「妳在生氣嗎？」「怎麼了？」「為什麼？」男友一連串的發問讓女友更加火大，「這男人竟然完全看不出來我在氣什麼……」而男友也被惹毛了：「妳不講我哪知道啊！」接著兩個人就吵架了……

為了避免陷入這種負面僵局，女性應該要覺悟：「沒辦法，男人就是這樣。」把內心真正的想法向男友一一說清楚、講明白。如此一來，男友才能完全懂得妳的心思，甚至很乾脆地把手機收起來。

說來有點矛盾，女性有時候也會反過來要求男性把話說明白，像是提出這道難題──「你覺得我怎麼樣呀？」

男人是一種不擅長以語言表達情感的動物，主掌感性的「右腦」與負責理性的「左腦」彼此的合作關係並不緊密，因此無法像女人流暢地把感受表達出來；再加上被這樣的傳統文化影響──「老把情呀愛呀掛在嘴上的男人不足取！」使得男人對愛情更是羞於啟齒。

實在是男人鮮少表露自己的愛戀之情，女友才會要求男友「講清楚」，「愛我就明白地告訴我！」

而這時大多數男性的反應卻是：「就算不講妳也知道吧！」明知事情不說出來對方哪會知道，卻還是丟出了這種違反自己原則和常理的回應。

總而言之，重點就是——

男人要懂得仔細觀察對方，多放點感情在對方身上；

女人則要避免情緒化，有條不紊地把話講清楚。

把心思專注在對方身上，講話不要避重就輕、閃爍其詞。

溝通魔法關鍵句

隨時隨地都適用的基本句型

現在因為〇〇，所以心情很××。

就算再勉強，也要試著「說明」。縱使很難說明白，還是要想辦法逐一、慢慢地講清楚。即便對方牛頭不對馬嘴地回答：「是在說△△嗎？」也要冷靜下來別生氣。

今天看起來和平常不一樣哦。

表達出自己有「察覺」或「發現」到對方的狀況，雖然不見得百發百中，但很適合做為交談時的開場白。「是嗎？啊，我有稍微改變一下髮型。」若是對方這麼回答，那就恭喜你啦。

scene

2

腦部結構

男人憑道理行動
女人憑感覺行動

男女的溝通方式之所以互有差異，一方面也是腦部結構不同所導致。與異性交談時，你是否曾因為「男人就是愛講道理」、「女人太容易感情用事」而不滿？了解男女的腦部結構之後，就能明白為何會出現這種兩極化的思考、行為模式了。

女人的腦袋像是裝了寬頻，能一次處理大量資訊，情緒與語言的連動性較強

在女性的腦部結構中，做為連結左腦與右腦纜線的「胼胝體」比較粗大，主

導感性情緒的「右腦」和掌管語言能力的「左腦」彼此之間的連動性也較強。「情緒」能和「語言」緊密地交換訊息，所以講話較為直接，想到什麼就說什麼，也可以天南地北地交換話題。有不少女性一旦情緒來了，甚至可以邊講邊哭呢。

多虧了這粗大的胼胝體，女人的腦袋裡簡直就像裝設了寬頻，有能力一次處理大量資訊，就硬體而言，可說是比男性優秀許多。可以處理大量的訊息、**加上原本就具備收訊靈敏的「天線」，女人因而能注意到微小的細節或周遭人們的情緒反應。**這就是女人會被認為比較「細心」的緣故。

只是，**由於必須處理大量的訊息，下決定的速度也就變慢了。**應該有不少男性都曾因為女性在餐廳看菜單時，總是猶豫著「要吃什麼好呢？這個嗎？但這個好像也不錯耶……」而感到不耐煩吧。這就跟讀取高解析度的圖片得花費較多時間是一樣的道理——面對同一份菜單，進入女性腦中的訊息量，可是要遠遠高過男性呀。

男人連結左右腦的胼胝體較小，只會單一作業，但比較能集中注意力

另一方面，**男性的胼胝體比女性小，左、右腦的連結性也稍弱了一點。**腦中配備的既是窄頻線路，一次能處理的訊息量也較少。**男人擁有單行道般一路直通到底的「專注力」，但反過來說，也就是「一次只能處理一件事情」。**（女人雖然「觀察力」敏銳，但相對而言，也比較容易處於「注意力不集中」的狀態）。

不過，男人的右腦比女人發達，因此具有絕佳的「空間辨識能力」，也就是說，對於三度空間的位置、方向、大小、間隔等物體的狀態或彼此的關係，男人擁有很強的掌握能力。例如，打開地圖只須看一眼就知道相對的位置、能迅速辨識事物的本質；**雖然無法處理大量訊息，卻也得以跳過細節、盡快掌握全局。**

交談時，男人一心只想著「話題的終點到底在哪裡」，他們不會、也沒辦法像女人一邊還想著其他事情。為了順利找出癥結，思考如何解決問題、結束話題，男人說好聽一點是講話有條理，說難聽一點就是好辯理由多。

女人口中的「好可愛」，只是「我心動了！」的代名詞

女人非常重視自己的「感覺」，這一點從她們最常使用的「可愛」一詞中，也能看出端倪。例如，女人看著一件白色蕾絲連身洋裝說：「好可愛喔。」這只不過是表示，她覺得「現在看到的這件洋裝」很可愛，並不等於她喜歡白色、喜歡蕾絲，或是喜歡連身洋裝。

對女人來說，「可愛」並不是一個客觀的基準值，而是抒發出「我心動了！」這份情緒的說法，是百分之百的主觀。

男人因為不懂女人所謂「可愛」的含意，一見到女友對白色的連身洋裝喊著「好可愛」，便自以為是地認為女友一定是喜歡「白色」、「蕾絲」、「連身洋裝」，而將這些條件做為下次挑選女友禮物的參考值。只不過，在女友生日時若真的送她白色裙子或蕾絲飾品，結果恐怕會令人大失所望。「之前妳不是說很可愛嗎！」可惜男人的抗議完全無效，因為之前是之前、現在是現在，女人說的「可愛」，可是瞬息萬變、捉摸不定的呀。

只要邏輯說不通，男人就無法認同而實地採取行動

不同於女人對感覺很有自信，男人凡事都講邏輯。他們不像女人會突然迸出「今天午餐『好想』吃蕎麥麵喔」的念頭，而是會在腦海中一一列出這幾天以來的午餐清單——「昨天吃了三明治，之前是吃豬排飯，再前面一天是……」接著結論便跳出來了：「好久沒吃蕎麥麵，今天吃這個還不錯。」甚至還會接著想：「天氣這麼熱，去那家店不太會遇到同事，應該可以悠哉地吃頓飯。好，就這麼決定。」當邏輯的任督二脈都打通了，男人才會實地採取行動。

男人這麼一拖拉，女人則開始不耐煩：「你在喃喃自語些什麼？」甚至會疑惑：「幹嘛想那麼多？去吃就好啦。」

現在大家應該都明白，男人何以愛講道理、女人為什麼喜歡憑感覺了吧？

溝通魔法關鍵句

讓對方願意聽你說的Magic Word

重點有三個……

面對不喜歡話題沒完沒了的交談對象，可以一開始就先闡明有「三個」重點。過程中若是想到還有另外幾點，可以利用「還有啊……」的方式追加。

我覺得妳似乎有點○○哦。

即便明顯地就能看出究竟，也千萬不要一語戳破。「總覺得」、「好像～」、「似乎～」……這樣的表達方式雖然模稜兩可，但最後對方就會自己給出正確答案。

scene

3

與同性的關係

男人活在縱向社會 女人活在橫向社會

男人與女人的人際關係有著不同結構——男人活在縱向的社會；至於女人，比起前、後輩的關係，她們更在乎橫向的連結。接著就來探探其中究竟吧。

年齡、地位、頭銜……不確認彼此的上下關係，男人就會心神不寧

男人的人際關係，簡而言之就是學長、學弟制。

男人非常在乎年齡，這也是凡事大而化之的他們唯一能敏銳感應的部分。

這並非是為了尊重年長者，主要是因為男人天生就喜歡透過年紀，來區分誰比較

「有看頭」或「沒搞頭」。

例如參加聯誼，男生團裡若同時有前輩和後輩，通常前輩都會誇獎晚輩——「這小子工作表現挺不錯的」，或是反過來調侃晚輩——「這傢伙的興趣有點古怪哦」，讓女生團笑得心花朵朵開。後輩則會回以「唉呀～前輩您就不要再糗我了～」來吹捧前輩，機伶地幫忙續杯點酒，甚至一口氣乾杯來炒熱現場氣氛。這是多麼完美的搭檔演出呀。

不過，如果男生團裡全都是同輩，那就另當別論了。這些同年紀的男人在中途便會開始明爭暗鬥，讓原本應該很開心的聚會，氣氛反而變得頗為尷尬。這是因為在年紀上若無法確立絕對的上下關係，男人就會坐立難安，只好想辦法出手將對方壓制在地、搶占「上位」。

此外，婚宴中那些幾乎全坐著生面孔的「男士桌」，狀況也很是悲慘。男人沒多久就會覺得如坐針氈，正是因為不了解彼此的年紀、職業、頭銜等資料，讓他們不知該如何相處。仔細觀察，可以發現這時都會有人先提起話題，問問彼此的輩分年紀。我自己三十歲，右邊這個男人三十五歲，左邊的是二十九歲，對面的男士三十二歲……知道各自的年紀後，男人們才會開始交流。

這種行為看起來有點不可思議，但就算知道了年齡，「年紀比我小，但已經當上司了。」「是比我年輕的外國人。」「我雖然是中小企業的部長，但對方是大企業的課長。」……諸如此類的問題，也會讓男人再陷愁城。最近ＣＦＯ（財務長）、ＣＭＯ（行銷總監）這種乍看之下很難判斷職位高低的頭銜越來越多，也成了男人的另一種壓力來源。

想讓男人負起責任奮力衝刺，就給他一個確立身分地位的頭銜

男人是一種給他頭銜就會奮力往前衝的動物。因為頭銜就跟年齡一樣，具有明確的上下關係。

高中時代我曾經參加志工活動，當時就已親身體驗到頭銜帶來的強大威力。在活動籌備期間，比起心智年齡較高、懂得隨機應變的女生，男生根本就是沒用的「小毛頭」。一開始女生們還會保持禮貌、微笑地對待這群男生，但後來就漸

漸萌生不滿，很想喝斥：「你們可以認真一點工作嗎！」

於是，女生們想出了「給頭銜」這個辦法，在男生群中挑出負責帶頭的人，為他們冠上「你是總務股長」、「你是〇〇股長」之類的頭銜。接著，這群男生便展現出驚人的工作績效。應該是「上司」這個頭銜激發了男生的責任感，他們於是開始向身為「部屬」的其他男生下達工作指令，還自動找出該做的事、並且確實完成。

即便是高中生，也能像個成熟男人般把事情處理好，因為他們已能感受到，身處縱向社會有多麼輕鬆愉快了。

女人的團結力量有如兩面刃，也可能讓人無法充分展現自我

至於女人，就不像男人那麼在乎年齡、頭銜之類的上下關係了。**即便是在初次見面的聚會場合，不必知道對方的年齡，馬上就能和大家打成一片，正是女人最拿手的絕活。**

舊時代的女性長久以來一直扮演著弱者的角色，因此即使到了男女平等的現代，「女人是弱者」的意識依然強烈，為了對抗「強者的男人」，女人們於是團結了起來。

此外，女性的頭銜從「先生在一流企業任職的專業主婦」、「勤奮工作的職業婦女兼母親」、「海外留學中的單身女子」到「實現夢想的〇〇作家」……可說是五花八門；再搭配結婚、生子、職業、收入、證照等各種變數，實在很難根據同一種基準來相互比較，這也是縱向關係在女性之間不太具有實際功能的理由之一。

不過，置身這樣的「橫向社會」也有其心酸之處。女性的人際交往圈是一個講求「大家相處融洽」、「感情好到可以一起上廁所」的世界，沒有人能跳脫這項「潛規則」。頭上罩著「一定要和大家維持良好關係」的緊箍咒，因此就算是個性不合的同事，還是要一起吃午餐；即使是話不投機的友人，也得假裝愉快地共度時光。要是向搞不清楚這種潛規則的男友吐苦水，則只會換來「不喜歡就別做呀……」的回應，完全無法取得共鳴。

即使是在講究縱向關係的職場，有時候自己嘔心瀝血想出來的企劃案也不見得能獨占鰲頭、搶在其他女同事之前出人頭地，只能讓她們一起加入，甚至「友善地」採納他人的意見，而無法百分之百展現自己的能力。

男女在溝通時，也要顧慮到「男人們」或「女人們」習慣的互動模式，尊重對方的人際關係潛規則，才能順利地相處與來往。

溝通魔法關鍵句

聊到對方的人際關係時

您與○○先生，誰是前輩呀？

面對必須確認上下關係才會放心的男人，一定要讓他清楚了解年齡與頭銜。「那個人和我同梯，但年紀比我大。」「雖然不是直屬上司，但是個主管。」像這樣把階級關係一一闡明。

妳們的感情真好啊。

當自己周遭的人際關係受到尊重時，女人便會安心。相反地，「○○小姐這樣那樣」、「××小姐這樣那樣」……如此大喇喇地分析或批評，可就會讓女性坐立難安了。

scene

4

價值觀

男人是打棒球長大的
女人是扮家家酒長大的

追求群體勝利的男人渴望「成長」，
希望和諧共處的女人期待「變身」

男女價值觀的差異，就具體而微地呈現在「打棒球」與「扮家家酒」這兩種活動之中。

在《女人打硬球：商場遊戲的致勝法則》（派特・漢姆、蘇珊・戈蘭特／著；*Hardball for Women: Winning at the Game of Business* by Pat Heim and Susan K. Golant）這本書中，一位在美國經營顧問公司的女性，對於男女對待工作的不同態度，提出了令人恍然大悟的見解。

男人（狀況或許多少因人而異）在孩提時代，多半都很喜歡棒球或足球之類的團體運動。在這類運動中，教練一旦下達指令要球員去板凳區，球員就會二話不說、毫無怨言地照辦，也不會咬牙切齒地想著：「即便失敗我還是要打，一定要讓你瞧瞧我的厲害！」因為這種遊戲的規則就是——只要球隊獲勝，不是自己上場也很開心。

「夥伴」、「羈絆」、「勝利」，《少年快報》漫畫期刊中的《航海王》世界觀，絕大部分的男人都愛這一套。被灌輸這種群體主義價值觀而長大的男性，很容易就能融入商業職場的世界。

至於女性，從小最熟悉的遊戲莫過於「扮家家酒」。「莉卡娃娃」、「森林家族」[2]之類的兒童玩具，說到底也算是另一種型態的「扮家家酒」。

這種遊戲並沒有明確的目標或終點，**大家只需要開心地共同創建一個想像世界、一座強調「協調性」或「共鳴感」的樂園。**這與必須聽從「某人的命令」、朝著「全體共同的勝利」邁進的商場和職場，是完全迥異的兩個世界。

類似這樣的對比，還有「成長」和「變身」這兩種說法。

一路上有棒球陪伴的男性，最喜歡「成長」二字。他們渴望並樂見自己的某個部分能夠昨天比今天、今天比明天更壯大、更強悍。所以喜歡鍛鍊筋骨的是男人，下意識地將公司不斷擴充的也經常是男性社長。

至於女性社長，比起公司規模，她們更重視公司內部的氣氛，這或許也是受到幼時「扮家家酒」的經驗所影響吧。

男人熱愛目標單一的射擊遊戲，容易變成「工作阿宅」，疏於戀愛與家庭

以「射擊遊戲」來比喻男性的人生，或許會比較容易理解。相較於女人，男人的人生實在很單純，畢業後去工作，接下來只要持續工作就行了。至於結婚、生子之類的附加活動，主角的重頭戲其實都落在妻子、媽媽身上，對男人來說，

2 日本深受歡迎的兒童玩具，「莉卡娃娃」類似「芭比娃娃」，可以換裝打扮；「森林家族」則有各種動物造型公仔和房屋、家具、服飾等配件，讓孩子享受角色扮演的樂趣。

甚至有點「事不關己」。

如此一來，**男人終究只能在「工作」這個舞台獲取積分。一旦加官進祿，自然能獲得成就感。**

就腦部的構造來看，男人也是擅長只須持續做同一件事的射擊遊戲。一旦將這種特質發揮到最高境界，「把工作當興趣」的「工作阿宅」就這麼形成了。

「工作阿宅」會出現幾個問題，首先是容易疏於戀愛或家庭。男友沈迷於電玩遊戲，女人或許還能怒斥：「你這個混蛋！」但要是沈迷於工作，女人或許就只能安慰自己：「努力工作也不算是壞事啦……」而很難開口埋怨對方。

就這樣，因為沒有人提醒或責備，阿宅眼中就只有工作，戀愛或家庭完全被拋諸腦後。對這些男人來說，工作和打電玩沒什麼不同，所以女性是有權利對他們大聲斥責——「不要只懂得工作、工作！」

此外，「工作阿宅」也不會是好主管。他們擅長的是「提升業績＝射擊遊戲」，這與「培養新人＝虛擬遊戲」完全是兩碼子事。在工作現場虎虎生風，一旦接了管理職卻搞得一塌糊塗的男人，便是最典型的「工作阿宅」。

多元的人生選擇和童話的美麗提示，讓女人很難捨棄變身願望

相對於男人的「成長」，女人則是對「變身」充滿興趣。變身成為母親或父親，就跟「扮家家酒」遊戲一樣有著角色扮演的成分，這應該也是讓女人沈迷其中的原因之一吧。

對女人來說，與其在同一個舞台成長，能像電玩遊戲一樣不斷地變換場景、重新詮釋不同角色的生活，要來得更有吸引力。人生選擇的多樣化，也加速了女人對於變身的渴望。結婚與否、有無小孩、工作種類……等，女人都可以自行選擇，邁向截然不同的人生道路。

只是，這場人生遊戲雖然有著各種誘人選項，但遊戲中並沒有「結婚之後遊戲就結束」、「生了兩個小孩的人獲勝」這種明確的規則與目標，因此還是讓人有點忐忑不安。一旦出現「要是那時不把工作辭掉……」、「假如當初是嫁給那個人……」之類的念頭，進而妄想「說不定能擁有不一樣的人生」、「就可以重來一次」，最後便陷入了老是羨慕別人生活的泥沼。

此外，長久處於弱勢的女人很容易下意識地認為，「總有一天會有人來拯救可憐的我」。小時候聽過的童話故事，讓這個妄想更是根深蒂固地烙印在女人心中，她們相信自己也能跟灰姑娘一樣，不論遭逢何種境遇，終究有機會重新成為公主。「機率雖然低，但也不無可能」，童話故事的提示，她們絕不會忘記。

從現實面來看，無論目前的處境為何，結婚對象還是可能讓自己的人生出現極大改變，女人也因此很難完全捨去變身的願望。平日透過時裝或彩妝進行「微變身」所累積的經驗，也給了女性自信，認為自己「脫胎換骨，指日可待！」

溝通魔法關鍵句

一起工作時

我可以做些什麼呢？

詢問自己在團隊中要負責哪些工作，可以讓對方更容易給予指示——像是：「可以幫忙看一下○○嗎？」「××那個案子就交給妳了」等等。

大家一起努力吧！

著重「協調性」和「氛圍」的說法，能夠提振士氣。一旦氣氛對了，不必逐一交代，對方自然就會把事情處理好。

scene

5

風格喜好

男人愛耍壞 女人愛夢幻

現代的年輕人實在很時髦，不論是穿搭或身材，都大幅超越了前人，一口氣拉高了日本人的「時尚平均值」。

只是，日本人再怎麼打扮時髦、追求設計感、講究居家裝潢，依舊無法跳脫「男人愛耍壞」、「女人愛夢幻」的實質本性。

不良的終極代表人物是武士，男人的不良體質其來有自

現在很流行所謂的「溫和不良」（Mild Yankee），但其實自古以來，男人的世

界就充斥著「崇尚不良」的文化。就像以前流行的《高校太保》或如今當道的《漂ノ男子漢》[3]，這樣的不良世界才叫帥氣。即便是老實的文科男子，也會幻想自己能夠「耍壞」一下；高中生或大學生開始抽菸（雖然現在比較少了），絕大部分都是認為耍壞裝不良的自己實在酷斃了，因為耍壞＝人們崇拜的對象。

外表率性不羈的歌舞團體EXILE「放浪兄弟」，集「肌肉」、「夥伴（羈絆）」、「禮儀」三要素於一身，堪稱是現代版的不良代表人物。除了女粉絲，支持他們的男粉絲也不在少數。畫有骷髏等「恐怖」元素、或龍虎等突顯「強悍」感圖騰的服裝，一直都有忠實的支持者。越是在鄉鎮地方，這種崇拜不良的氣息就越是強烈。

男人的熱愛「不良」，是一種「好勝」、「不想被看不起」、「想要超越別人」、「希望變得更強大」等男性願望的表徵。說得白話一點，就是：「放馬過來呀！」「把我當傻瓜嗎！」「別小看我！」

3 這兩部漫畫描述的都是不良高校生鬥勇衝撞的青春熱血故事，也都曾被改拍成日劇或電影。

至於鄉鎮地方的人們之所以崇拜不良，主要是因為在「地方上」這個小圈圈，被大家「看得起」或「看不起」，可是茲事體大。

身為崇高日本文化精神代表人物的武士，其實也是一種不良。《葉隱》[4]中的名句——「武士道者，死之謂也。」以武士的語氣來說，就是「假使被人輕視，還不如一死！」武士的髮髻、雙肩誇張揚起的裝束等……根本就是不良時尚的終極追求啊。不良到最高境界，就變成武士了。

Hello Kitty、愛心、蝴蝶結……女人從小就以可愛做為標準配備

這一類的不良男人，最喜歡的就是可愛又「傻氣」的女偶像。大多數的日本男人都「不想被看不起」，所以比起歷練豐富的成熟女性，懵懂無知的小少女才是他們的最愛。無知與年輕，正是諸多男人們的夢寐以求。

下意識感受到這一點的女人們，於是愛上了 Hello Kitty、Kiki Lala 之類的卡通人物，身穿粉紅色的服裝，房間裡到處都是愛心和蝴蝶結。**「夢幻」，其實就**

隱藏在「可愛」裡呀。

就連彩妝或穿搭，女人也不忘要竭盡所能地「裝小」。宛如少女的「女孩時尚」、或貌似洋娃娃的「娃娃妝容」是一定要的；自稱是「小女子」、「清純少女」或「公主」，也是基於相同的心態。為了贏得諸多男人的青睞，怎能不繼續裝年輕呢。

男人倒是不太能完全掌握「可愛」這兩個字。男人能理解的可愛，大概就是動物、小嬰兒或粉紅色的東西、蝴蝶結或愛心之類的裝飾品，講白了就是帶著夢幻氣息的「可愛」。

但女人的「可愛」，卻可以套用在任何事物上。合身的黑色長褲、綴滿星星的包包可以說它「好可愛」，就連商品的價格恰好是負擔得起、令人心動的數字，也可以說「這個價格太可愛了！」這裡的「可愛」，用女人的語言來說，就是——「我好心動喔！」「太喜歡了！」

4 透過故事與實例闡述日本武士道的經典，由江戶時代佐賀藩的山本常朝、田代陣基編纂。

「可愛」是一種直覺反應，因此沒有規則可循。女人也不喜歡男人說：「原來妳喜歡蝴蝶結的設計呀！」「原來妳喜歡藍色的衣服喔！」女人會說：「不要隨便定義我的『可愛』好嗎？」（而且大部分時候，男人都是猜錯的）。

此外，當女人說：「我會帶可愛的女性友人一起去參加。」要是男人看到一起赴會的女性，覺得很不滿意而當場抱怨：「一點兒也不漂亮！」「幹嘛帶比妳還糟的女人來呀！」這樣只會自討沒趣。剛才已經說過，女人所謂的「可愛」並不單指外在，而是「令自己心動」的意思，所以當然也包括了「個性很可愛」或「想法很可愛」這些可能性。

這位女性友人一定會心想：「特地帶來介紹給你們，你們竟然不懂欣賞人家的可愛之處？」因此，男性若堅持一定要是外貌漂亮的女生，就該明確地告訴女性友人：「請介紹一些客觀上來說外表漂亮的女生。」如此一來，對方就會邀請男人覺得「可愛」的女性同行了。

只不過，這種要求很可能會被對方認為「太差勁了！」反而不願意幫忙介紹任何女性囉。

後天吃飯，介紹
你可愛的妹仔！
眼睛亮
真假 !!
有妳這種朋友
真是太好了 !!
我學妹，可愛吧！
嗨～你好！
你的標準
在哪啊……？

個人喜好是純屬感性的問題，最好還是相互尊重、不要過度干涉

為了讓愛耍壞的男人與愛夢幻的女人和睦相處，最好的方法就是不要太過於干涉對方。這樣講或許有點消極，但這種純屬感性的問題，實在很難像改變行為舉止一樣加以矯正。兩個人在一起，遇到要共同做決定的時候，就不一定每次都能順利取得共識了。

因此，像是「死腦筋」、「奇怪耶」這種會惹對方生氣的話，最好少說為妙；「這樣真有比較好嗎？」還是把這句真心話吞回去吧。**互相尊重彼此的喜好，正是和平共處的第一步。**

溝通魔法關鍵句

要讚美對方的品味或擁有物時

這個太酷了！

「酷」這個字在任何情境下都能滿足對方的虛榮心。「真厲害，嗯～太酷了！」這樣的說法，會比勉強編出來的空話有更好的效果。

這個好可愛呀！

重點不在於「可愛」或「不可愛」，而是讓對方感覺到「妳喜歡的，我也會喜歡」。這種站在同一陣線的態度，要比任何讚美的話語都讓人開心。

從這一篇開始，將會透過具體的主題來分析男人與女人的不同之處。
首先要談的是「戀愛／性愛」。

所謂的戀愛，就是「彼此具有好感的男女，漸漸互相愛悅的一種溝通方式」……聽起來似乎很美好，事實上其中還交纏了性欲、妄想、算計、忌妒等，十分活生生而寫實。即便是在家庭或職場中基於理智而壓抑了部分本性的人，一旦陷入情網，也會隨之掙脫束縛、原形畢露。因此，本篇的主題就是要將男女的原始樣貌、亦即雄性與雌性的差異，毫不保留地攤開在陽光底下。

對方心裡究竟在想些什麼？好想知道但毫無頭緒。內心痛苦糾結，卻還是放不下對方……正是因為互不了解，才會彼此吸引。當愛情來了，各種匪夷所思的男女糾葛也會隨之浮現。

也許有人會兩手一攤，說自己「對愛情免疫」、「對這種天真的事情沒興趣」，但其實本篇所描述的男女溝通差異，也一樣能運用於其他的主題。因此，各位不妨抱著輕鬆愉快的心情，來閱讀這個篇章吧！

PART 2 戀愛應用題

正是因為互不了解，才會彼此吸引

scene

6

理想的愛情

男人想成為最初 女人想成為最後

男人不想落入和前任相比的窘境，女人希望走向結果美好的終點

男人最愛的是「白紙般的女人」。

就連古老的《源氏物語》中也出現過類似的故事：男人的夢想，便是親手為天真無知、沒什麼經驗的女性填上色彩。即便到了二十一世紀，還是有不少男人內心依舊保有「處女情結」。

這種「樂於開疆闢土」，看似充滿男子氣概的拓荒精神表現，與懦弱其實是一體兩面。男人希望藉由成為女人的「最初」，以避免落入與前任相比的窘境。

自己既然是「第一個男人」，無論去哪裡約會、不管吻功如何，都不會遭遇「前男友都帶我去更棒的地方」、「前男友比較厲害」之類的比評，對方甚至還可能會又驚又喜地高呼「我從來不曾這樣！」呢。

換句話說，正是因為缺乏自信，男人才會迷戀「白紙般純潔無瑕的女人」。

女人追求的則是「完成版的男人」。

女人期待著變身，心想「總有一天，白馬王子會讓我擁有截然不同的璀璨人生」。內心存有這種幻想，所以女人渴望的是成熟穩重、功成名就的男人。隨著年齡增長，內心的堅持與條件也變得更加複雜了，因為「既然等了這麼久，一定要挑個十全十美的男人才行」。

女人並不要求一定是對方的「第一個女人」，卻希望能成為對方的「最後一個女人」。

也就是說，愛情這條漫漫長路，最末端一定有個名為「結婚」的終點。就這一點來看，對於愛情，女人相較之下要務實多了。

男女的溝通地位逐漸平等而減少差異，年輕世代的愛情觀也漸趨務實

這樣看來，關於戀愛，男人與女人的想法根本相差了十萬八千里呀。男人要的是「單純無知的年輕女孩」，因此不少女人一屆熟齡，的確慢慢地就不再受男性青睞了。

對女人來說，若到了一定的年紀，「培養比自己年幼的男子」或許是個好方法。只是，好不容易願意把目光放在年輕男子身上，但這些二十好幾~三十出頭的男人，可正是處於大家搶著要的人生巔峰呢。

因此，三十五歲的女人，不妨把目標放在二十出頭、依然「涉世未深」的小男人身上吧。雖然小男人尚未發展完成，也不懂得如何為女人「填上色彩」，但彼此的年紀畢竟相差了十歲以上，加上「男女之間的差異」及「年齡上的代溝」，溝通時即便對方的反應做法與自己預期的有所出入，也不至於非堅持到底，甚至還會睜一隻眼閉一隻眼，認為「彼此想法不同是理所當然的囉」。

事實上，最近的（十幾、二十歲世代）年輕人看待愛情，似乎更懂得腳踏實地了。這是因為男女在溝通上的地位相對平等，男女極端的差異性於是逐漸消失。**追求白紙般女人的男性和渴望完成版男人的女性，也不再像以往那麼多了。**

一開始是交情好的男性、女性友人，之後兩人交往、彼此磨合，談個平淡的小戀愛之後便結婚。這種情況的普遍化，相信也是基於這個理由吧。

溝通魔法關鍵句

想取悅剛交往的對象時

我從來不曾有過這樣的經驗！

「希望你能帶給我前所未有的體驗。」「從今以後，請你為我的人生填上色彩吧！」可以藉由類似的方式來表白。

因為妳，我第一次有了這樣的感覺。

「妳和我之前交往過的女人很不一樣。」「所以我明白真命天女就是妳了。」可以藉由類似的方式來表白。

scene

7

喜好的異性

男人喜歡大家都愛的女人
女人喜歡自己中意的男人

深受異性喜愛的「萬人迷」，通常都是從小學時期就擁有極高的人氣。請回憶一下小時候的情景吧——頭腦好或運動神經發達的男生，多半都很受女孩歡迎；至於「長相可愛的女孩」，一定也有不少男粉絲吧。

不過，上了國中、高中之後，隨著年紀增長，女孩喜歡的男孩類型也逐漸分門別項，像是與自己興趣相投、或者感覺有點不良的壞男孩等等。

然而，男孩喜歡的依舊是「長相可愛的女孩」，即便長大成人，這個傾向幾乎也不會改變。

男人拚了命要擁有「好女人」，是想展示狩得獵物的雄風

男人之所以把焦點鎖定在「長相可愛的女孩」身上，是有其原因的。

對男人來說，交往的女人多少像是配件或裝飾品。也就是說，男人將女人視為一種狩獵的戰利品，就連「花瓶妻」（trophy wife）這個說法，也是強調男人成功抱得美人歸的自傲之詞。**男人都希望站在自己身旁的，是「眾人皆稱讚的好女人」**。而拚了命想擁有「好女人」，是因為男人想藉由狩得大型獵物，來誇耀自己是多麼強悍、威風的雄性動物。

大家都欽羨的「好女人」成了男人挑選對象的準則，於是「空姐」、「女大學生」、「模特兒」等，也就成了眾人朗朗上口、華麗炫目的名牌關鍵字。一旦兄弟們豎起大拇指稱讚「不錯喲」，男人這才確信「自己交往了一個好女人」，而感到心滿意足。**絕大多數的男人都沒有發現，自己內心裡根本就沒有一項專屬的標準，得以界定什麼類型是「自己喜歡的女人」。他們只是一心想著「要交往一個令大家刮目相看的女人」**。

女人憑靠著「天生的」敏銳嗅覺，分辨出適合自己的獨特對象

在小學時期，女性也會傾心於「大家都說讚的男孩」。這個年紀的女性同樣是基於動物本能，以智能與體能等容易分辨的條件做為擇偶的標準。

不過，心智年齡較高的女性從高中以後，便會發展出個人獨特的「異性偏好基準」。只有外表長得帥的男孩不再獨占鰲頭，「對次文化瞭若指掌、話題有趣的文科男孩」、「手指漂亮纖細的藝術系男孩」、「熱愛運動、體格健壯的體育系男子」等……也開始受到女孩們的青睞。

就像女人所謂的「可愛」是既複雜又主觀，女人對於「帥氣」的見解，也不見得人人皆同。對男人們而言，這可真是個提高命中率的好消息呀！

女性之所以發展出不同的偏好，是因為她們會下意識地用「可以成為孩子的父親」這個觀點，來審查男人。對於適合自己的對象，女人能夠藉由「天生的」敏銳嗅覺加以分辨。**雖說「女人喜歡完成品」，但並非是「眾人認可」的完成品，而是「適合自己」的完成品。**

空姐
菁英男
模特兒
藝術家
體育系
老師
老實男
混血兒

當然啦，「年收入要一千萬日圓以上」、「〇〇大學畢業」……也有女性會堅持男人必須具備功能性或社會地位，這種類型的女人挑選對象時，重點不在於談戀愛，而是希望結婚之後能夠生活無慮。

由於女人對自己的眼光極有自信，不論選擇為何，對於周遭的所有建議或提醒，通常都是充耳不聞。**出於本能也好、暗藏心機也罷，一旦下了「就是這樣！」的最後決定，不論走到哪裡，女人都會依循自己設定的標準，來追尋「自己中意的好男人」**。

迎合對方的喜好、表現自我魅力，先搶占候選人席次再說

基於上述特徵，女人在面對男人時，就要懂得不著痕跡地表現出自己是「頗具價值的女人」。

然而，又不能敲鑼打鼓直說自己是「好女人」，因此，表示「自己已經有男友」，以宣告自我魅力已獲得其他男人的認可，是個相當有效的辦法。接著，再

表現出「和男友快走不下去了」、「有分手打算」之類的曖昧態度，積極放送自己正期待著新戀情的訊息。

至於擁有多重價值觀的女性，男人究竟會因為哪種魅力而獲其好評呢？沒有人知道。外型出色？興趣相投？總之，竭盡所能地放手試試看準沒錯。

「喜歡」這種情緒並沒有一定的規則，因此也沒有所謂的「絕對性」。不過，我們倒是可以確實掌握積極表現自我魅力的溝通方式，想辦法先站上起跑點，再努力抓住戀愛的機會吧。

溝通魔法關鍵句

想吸引心儀的對象時

我有男朋友，但感覺快走不下去了。

雖然目前身邊有伴但交往不是很順利，傳達出這樣的訊息後，對方可能就會想著：「她有男友了，感覺應該滿受歡迎的。」「可是說得我似乎也有機會。」↓「咦？難道她喜歡我？」

果然很有妳的風格，我就是欣賞妳這一點。

認同、甚至讚美對方的品味或喜好，藉此讓對方思考：「他認同我的個性耶。」「而且和我有一樣的感覺。」↓「咦？難道他喜歡我？」

scene

8

完美的表白

男人愛當第一
女人想當唯一

不論男女，都希望自己「被愛」。只是，希望被誰所愛、以及怎麼個愛法，卻不太一樣。簡單來說，就是男人愛當「第一」，女人想當「唯一」。

男人除了情人之外也渴望被他人所愛，
女人只希望被情人深深愛著

首先，我們要繼續談談之前提過的，男人心中的夢幻逸品——「白紙般的女人」。親手為天真無知的年輕女子添上色彩的《源氏物語》，是男人們的夢想，這個大前提始終沒變。

只是男人們都心知肚明，要得到宛如白紙的女人簡直比登天還難。他們於是退而求其次，希望能當女人歷任男友中的第一名。在乎排名的習性，讓男人也特別在意順位關係。

無論是哪一任男友，男人「好勝」、「愛爭第一」的欲望從來都沒有消失過，這實在讓女人很難理解。女友只不過是對偶像或明星發出了一聲驚呼讚嘆：「向井理好帥呀！」男人卻會因此醋勁大發，完全無法接受。說穿了，**男人就是希望在女友心目中，「全人類的第一名」只能是自己。**

比較惡劣的是，**男人內心還有另一個欲望——「除了女友，也渴望受到其他女性的愛慕」**、**「想要成為萬人迷」**、**「喜歡被大家奉承」**。明明已經有女友卻還是去參加聯誼、或自誇「上酒店時超受小姐們歡迎」而洋洋得意等，都是基於這樣的心態。

基於播種的天性，這種「被越多女人迷戀越好」的欲望恐怕很難消失。既要是情人心目中的第一，又希望同時受到不特定多數女性的愛慕，這就是男人的真心話。

至於女人，對於受到眾多異性的青睞倒不是很感興趣。因為在愛情中，女人大多處於被動。當然也有不少女人會主動追求男性，但大多數的狀況都是「男人追求，女人回應」，所以女人會把重點放在「守備」而非「攻擊」之上，最後就演變成——**與其被不喜歡的男人糾纏而深感困擾，不如只和自己喜歡的意中人共譜戀曲。**

男人想聽「你是第一名」，女人想聽「我的心中只有妳」

男人與女人的期待不同，能「正中紅心」、取悅對方的台詞當然也不一樣。

例如，即便女友說「我只愛你一個人」，老實說男人並不會因此大受感動。向男友表達愛意時，一定要特別強調出「天下第一」這個部分，例如「你是我遇過的人之中最棒的一個」、「你是我的第一名」等等。

這時要特別注意的是，不要過於具體形容是哪個部分「天下第一」。例如，一旦限定是「工作效率天下第一」，男人可能就會懷疑自己在工作之外的其他部分，究竟是輸給了誰，開始疑神疑鬼。最好的因應之道是模糊帶過，以「最棒」、「最酷」之類的方式來表達。

男人想向女人表達愛意時，則不妨試著釋放「對我來說妳是唯一」的訊息，例如說「我心中只有妳」、「妳是我的命中注定」等等。

男人特別在乎自己的排名，因此常會使用「我最喜歡妳」之類的說法，但這一點也不會讓女人動心。一聽到自己是男友「最喜歡的一個」，女人心裡便開始嘀咕：「是拿我跟誰比？」「難道你還有第二喜歡的女人？」所以表白時最好的說法就是強調「妳是我唯一的考慮」，而不是拿她與其他人比較。

接下來這一點需要用些小技巧，但為了讓你口中的「妳是唯一」更具說服力，一定要認真觀察女友的任何細微改變，一有發現就要當場說出來。

女人重視過程而不太在意結果，在乎的是態度而不是語言，嘴上講得天花亂墜，對女人來說並沒有多大的意義。換髮型的時候是理所當然，「化妝方式有點不一樣哦！」「買了新衣服嗎？」像這樣隨時注意細微的變化、並且直接表明，女人就會認為「這個人真的很在乎我耶」，確實地感受到你的愛意。

男人由於腦部結構的關係，多半不會注意到瑣碎的細節，所以最好能刻意多觀察女友的一舉一動。剛開始也許會覺得「好麻煩……」，但就跟其他事情一樣，習慣就會成自然，一定沒問題的。

每個人都期望「被愛」，只不過男人一定要聽到自己是「第一名」才會滿意，而女人要知道自己是「絕無僅有」才會安心。表達自己的愛意時，記得要順應對方的期望，而不是堅持自己的感覺。

溝通魔法關鍵句

要取悅交往多年的對象時

在這個世界上，我最愛你！

向男人保證，他就是世上絕無僅有的第一名吧！盡量滿足男人想當「No.1」的欲望。「全宇宙我最喜歡的人就是你」、「現在是我此生最幸福的時刻」，這樣的說法也很適合。

對我來說，妳很特別。

千萬不要把女友拿來跟其他女人比較。刻意表現出「其他女人根本比不上妳」、「妳很特別」，就能滿足女人「我是唯一」的欲望。

scene

9

戀愛與性愛

男人的戀愛是一場遊戲 女人的戀愛是為了結婚

俗話說，「男人是用下半身思考的動物；女人是以子宮思考的動物。」清楚點出了男女戀愛動機的相異之處。

戀愛時男、女的主要活動，男人是「追求＝性愛」，女人是「結婚＝生子」。對於戀愛的態度，男女之間其實存在著如此深不見底的鴻溝啊。

男人在戀愛時，最主要的活動就是性愛。「追求喜歡的女人、尋求接納，然後接吻，接著就是上床。」對男人來說，談戀愛不過就是玩一場這樣的遊戲。

男人常常誤以為「這就是戀愛」，為了滿足性欲或征服欲望，於是一頭栽進

「自以為是戀愛」的遊戲中。尤其是年輕男子，談戀愛大多不是真心喜歡對方，而是想跟對方上床；國、高中時期的男孩，充其量不過是想看看女人的身體罷了。

而絕大多數的女人，都知道戀愛的終點是結婚、生子。即便嘴裡說著「是因為喜歡你呀」，但內心多少都明白是為了「生活」才決定結婚的。

因此，女人當然會在意男人的收入、有沒有好的未來，在要求男人的「異性魅力」之餘，也要同時考慮他「是否適合做個父親」。

雖然有人認為如此思量實在「心機」太深，但站在妻子或母親的立場來看，多方觀察男人才是成熟女性的做法。

不過，尚未考慮結婚的國、高中女生，她們的行為又另當別論了。國、高中女生不像男生一樣精蟲灌腦，她們想要的是「談一場偶像劇般的戀愛」，一切都是「為了戀愛而戀愛」。與其說她們是為喜歡的男人神魂顛倒，不如說她們其實只想嚐嚐宛如愛情電影或少女漫畫劇情般的戀愛滋味。說穿了，這也是一種「自以為是的戀愛」。

男人期待接吻，女人期待接吻之後，啟動男女愛情的誘因各不相同

對於上床這件事，男女的想法也是截然不同。

相信大家都聽過，說得極端一點，男人和誰上床都無所謂。基於「播種」、「繁衍後代」的天生欲求，男人可以毫不遲疑地跟完全沒感覺的女人上床。

因此，上床之後若出現「失落感」，這場遊戲就結束了。歷經數次的性愛遊戲，熱度逐漸冷卻，感覺「我好像沒那麼喜歡了」，內心也升起是該結束這場戀愛了的念頭。但事實上，男人只是厭煩了老跟同一個人上床。不少男人也承認，「進展到接吻之後，接下來就沒什麼動力了」。

相對地，女人一旦有了肉體關係，就容易變得死心塌地。明明沒那麼喜歡對方，但接吻或上床之後，隔天卻突然對他湧起了愛意……

女人無法像男人一樣能跟任何人上床，沒有好感，基本上就不太願意與對方發生關係。也因此，一旦彼此有了肉體接觸，女人就會認定這個闖入禁區的男人

是「已獲得自己認可的異性」，進而萌生愛意。因此，為避免往後的移情作用、甚至是愛上了不對的人，女人在上床之前，一定會先確認對方的心意。

男人戀愛的原動力是性愛，女人戀愛的目的是結婚；男人期待接吻，女人期待接吻之後。啟動男女愛情的誘因各不相同，也有可能就這樣錯過了真愛。

這裡會特別強調年齡，像是「年輕男子」或「國、高中女生」是有原因的。男女的性欲高峰期不同，男人的性欲會在二十歲時達到顛峰，女人則是在四十歲左右。三十歲前後的男女，對於性愛的需求不相上下，之後女人的性欲持續上升，男人則逐年下降。（據說這可能是因為婚後女人仍希望自己「像個女人」，但男人卻很容易因為一點小事而ＥＤ（勃起功能障礙）。）換句話說，男人一旦年過四十，就更有機會談一場不再被性欲牽著鼻子走的戀愛了。

讓不想結婚的男人先卸下心防，讓渴望婚姻的女人感受共築未來的期許

大多數的男人都對戀愛遊戲樂在其中，往往不太願意受到婚姻的束縛，真正

的原因則是不想背負責任、還想多玩幾年等等。**想和這一類男人交往，最好先表明自己「目前還不打算結婚」**。妳可以說「因為自己還年輕」，也可以說「還想在工作上多打拚幾年」，總之，讓對方知道妳還不急著結婚就對了。

這樣一來，那些一聽到「結婚」這份責任就渾身發抖的男人，便會放下心中大石，反正「這女人（短時間內）沒問題！婚姻大事先往後擱，談談戀愛再說」，而對妳卸下心防。

而男人要是認真想與心智成熟的女人交往，最好的方法就是讓對方感受到結婚的訊息。只要男人開口說出「有結婚的打算」、「想早點結婚」，女人就會知道「這個男人是值得一起思考未來的人選」，而放心地交往。

只是，當「好想立刻結婚」的女人碰上了「完全不想結婚」的男人，如果兩人都隱匿心中真正的需求而共同墜入愛河，由於雙方的企望不可能有所交集，結局就注定只能以悲劇收場。所以亂槍打鳥這種事，還是少做為妙啊。

溝通魔法關鍵句

在交往之前提到「結婚」話題時

我想，自己總有一天會結婚吧。

表現出自己並不急著結婚，對方就能感到放心。但說謊畢竟不是好事，不妨以「總有一天」取代「能結婚更好」這種有點壓迫感的說法，以降低衝擊性。

遇到理想的對象，當然會想結婚。

表現出自己確實有結婚的意願，對方就能感到安心。但說謊畢竟不是好事，以防萬一，別忘了加上一句「如果遇到理想對象的話」，為自己留個退路。

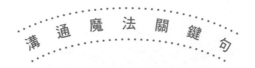

scene

10

戀愛的時機

男人意氣風發時需要女人
女人跌至谷底時需要男人

除非是那種隨時都在物色對象、具有「戀愛體質」的人，否則不論男女，通常只有在特定的時刻才會興起戀愛的欲望。只要抓準了最佳時機，與意中人相戀的可能性就會提高。

那麼，男人和女人究竟是在什麼時候，內心會高呼「好想談戀愛！」呢？

事業有成的男人充滿想戀愛的自信，
忙於工作的女人把愛情先放一旁

男人想要談戀愛，通常是在自己狀態極佳的時候。當事業飛黃騰達、「意氣風發」之時，男人就會「希望身旁有個女朋友」。

男人比女人更在乎工作，在自己最重要的領域內有所成就、具備了充分的自我肯定感，高漲的精力就會促使男人開始想要談戀愛。（不過，最近覺得談戀愛「好麻煩」的年輕男子似乎有增加的趨勢，他們把精力全都投注於工作，「工作阿宅」的人數於是與日俱增）。

至於下意識「想和具有優良遺傳基因的男人結為連理」的女人，也會被「認真專注」、「有事業野心」等精力旺盛的男人所吸引。因此，男人在意氣風發時，自然能獲得較多女性的關注；而原本就頗有女人緣的男性，自信心也會越發強烈，進而主動出擊，以爭取更多女性的青睞。

至於女性，則特別容易在狀況不好時想要談戀愛，像是失戀、或工作不順利之際。**在女人的內心深處，都有著這樣的變身願望——「總有一天，白馬王子會讓自己的人生從黑白變彩色」，渴望透過戀愛，躲入男人的臂彎裡逃脫困境。**就這樣的動機來看，女人要比男人悲觀許多。

此外，女人一旦忙於工作，就很容易疏於保養自己的外在，忙到沒時間去美甲沙龍，更別提去做臉或全身美容了。問題是男人看女人多是從外表來評斷，女人一旦埋首於工作，戀愛就更加遙遙無期了。

我所結識的一些工作認真、且年近四十的女性，常會向我抱怨：「好累喔，真希望有個人能安慰、疼惜我。」「我不需要男人，但求有個能照顧我生活起居的『老婆』就好。」活像個昭和時代的歐吉桑。年輕世代的男女性別差異逐漸消失，「男性化」或「女性化」之類的特徵也不是很明顯，至於那些勤奮工作的成熟女性們，又經常被認為太有「男子氣概」了。在當今的日本，所有世代都不流行談戀愛，或許也是基於這個理由吧。

失意落魄的男人對愛情冷感，心靈脆弱的女人最容易墜入情網

由於男女容易墜入愛河的契機不同，一旦有了中意的對象，最好的方法就是找出「進攻的最佳時刻」。

要攻陷男人的心，最好的時機就是當他工作一帆風順之際。

女人通常會因為「工作太忙」而將戀愛放一旁，但工作順利、意氣風發的男人，精力倒是會比平常更加旺盛。**男人喜歡女人看到他得志時「神采飛揚的帥氣模樣」，只要提出邀約，男人通常不會拒絕。**

見面時不妨讚美他「狀況看起來很不錯哦」、「遇到什麼好事啦？」，讓他自己打開話匣子，聽他娓娓道來得意的事蹟。扮演好忠實聽眾的角色，男人便會覺得妳是個「好女人」，進而萌生好感。

相反地，面對失魂落魄的男人，不論如何想方設法約他，終究是徒勞無功。**見到男人失意時的可憐模樣，女人通常會動起惻隱之心想要好好照顧他，但處於低潮期的男人，看到自己的臉只會覺得厭惡。**

等到男人稍微上了軌道，就會忘記當初鼓勵、安慰自己的女人，轉而投向美麗女人的懷抱。明星或搞笑藝人拋棄當初困苦時不離不棄的糟糠之妻，這種新聞屢見不鮮也是出於此因。男人希望「糟糕透頂的自己」和這段不堪的往事，能夠隨著昔日伴侶一起隨風消逝。

想擄獲女人的心，則要趁她心靈脆弱的時候。

「我有事想跟你說……」當女人顯現出想要吐苦水的跡象時，不妨溫柔地回應：「妳還好嗎？」「發生什麼事了？」絕大多數的女人都會因為你的「溫柔舉止」而動心，進而萌生好感。

自古男人就非常了解，女人脆弱時正是最佳的「進攻時刻」。原本只是當愛情顧問的好哥兒們後來變成了另一半；和工作不順時交往的男友結婚而離開職場……都是最好的例子。每個人身旁應該多少都有這種抓住「最佳進攻時刻」而成就的情侶檔吧。即便是遲鈍的男人，也能敏銳地嗅出勝算的味道呢。

抓準進場時機，也是談戀愛時的一大重點。該在什麼時刻、使用什麼樣的話語來攻占對方的心呢？只要稍微花點心思，就能提高成功的機會。

溝通魔法關鍵句

試探有沒有戀愛的機會時

遇到什麼好事啦？

感覺到對方鴻運當頭時，不妨出聲關心一下。「告訴妳哦，我呀……」若是對方自鳴得意地講了起來，妳就成功了。好好配合對方的興致吧。

妳還好嗎？發生什麼事了？

感覺到對方心情沮喪時，不妨出聲關心一下。「其實我……」若是對方願意找你談談，你就成功了。用你溫柔的言語融化她的心吧。

scene

11

滋生愛苗

男人因符號動情 女人因信號動情

男性也好、女性也罷，都會有「怦然心動」的時刻。一旦開始對異性有了「很不錯耶」、「真有魅力」、「好喜歡」的感覺，就表示「愛情萌芽」了，或者也可說是產生了「淡淡的情欲」。

只是，男女會感受到異性魅力而心動的「點」實在很不一樣，也因此不論男女，經常都是白忙一場、無功而返。男人為了吸引女人的目光，勤上健身房鍛鍊體魄；女人為了更受歡迎，終日忙於「充實自我」，可惜這根本就是搞錯方向。

想要吸引異性靠近，重要的不是自我滿足，而是應該把焦點放在如何獲取對方更高的評價。

男人對明確的女性化符號萌生情欲，女人因男性的好意相待而小鹿亂撞

大多數男人都受到性欲的支配，因此，**「女性化且散發著性誘惑力」的女人，特別容易讓男人心動。**

舉例來說，飽滿的雙唇、柔軟的雙峰、豐滿的臀部、迷你裙、長統靴……等女性化特徵尤其強烈的事物，最是吸引男人的目光。當然也有人會說「這樣的女人誰不愛呀」，但重點不是「誰的嘴唇」或是「誰穿了迷你裙」，而是女性化的曲線或服裝讓男人情欲高漲。就這一點來說，男人實在是單純到不行。

至於女性，可就複雜一點了。

爆出青筋的肌肉、鬍渣等「男人味」十足的特徵，對女人來說吸引力並不大。當然也有女性喜歡「肌肉男」或「鬍渣男」，但這頂多是一種相當理性的「喜好」，而非令人心頭小鹿亂撞的「喜歡」。女人純粹因為男人粗獷的外表而一見鍾情的案例，實在少之又少。

相對地，**女人對於流向自己的電波，感應十分敏銳。「這是只給我的溫柔」、「原來他這麼關心我呀」，一旦有了這種感應，女人就會跟著怦然心動。**

這時候，是誰發出的訊號就變得非常重要了。即便是不熟的對象傳送過來的電波，如果因為「這是只發給我的訊號耶」而深受感動，女人也會漸生好感。

這就是為什麼女人老是拒絕不了「死纏爛打」式的追求手法，男人只要積極進取，總有一天能打動芳心。

理解之後再「量身訂做」，才能營造出讓對方「心動」的感覺

明白這樣的特性後，接下來就只剩與對方近身肉搏、一決勝負了。

女人對電波十分敏感，因此進攻重點就在於——**釋放出「一直對妳有好感」的訊息。**

仔細觀察、並詳細說明對方的哪個部分對你最具吸引力。「當時妳說過的那些話，我始終無法忘懷。」像這樣提出與對方相關的話題，也是相當有效的方法。

至於最沒有意義的事，莫過於男人忙著琢磨自己的外表和身材。外表的確有可能提高對異性的吸引力，卻並非百分之百奏效。與其忙著練出一身肌肉、講究衣著時尚等，還不如把時間花在如何讓對方知道你的心意。

要特別提防的是——女人特有的「生理上無法接受」這堵厚牆。女人的感應觸角極為靈敏，千萬別讓她打從心底翻出「絕對不可能」這張紅牌。邋里邋遢、打扮得實在太老土……一旦讓女人覺得「不舒服」，就完全沒戲唱了，即便再怎麼死纏爛打，還是會被擋在「生理上無法接受」的厚牆之外。一開始就被打入「噁心」冷宮的男人，今後就算百般努力，也沒有翻身的機會了。

因此，**最起碼要保持外表的整齊清潔**，「即使成功的可能性極低，但至少不會是『零』」，**為自己爭取一個好的開始**。

至於想引起男性注意的女人，最好多花點心思在外貌上。這並不是要妳打扮得多麼花枝招展，重點是要讓男人眼睛為之一亮。

妳可以像先前提過的，刻意強調「女性化」的元素，或是翻翻眾多男性讚賞的《Cam Can》或《JJ》等時尚雜誌，參考裡頭的穿搭建議，**盡量表現自己「女人味」的一面。單細胞的男人得先受到符號的吸引，才會展開行動。**不要認為這種行為「很蠢」，就把它當成是一個有效的突破點，快快使出妳的殺手鐧吧。

至於妳的內在美，往後有機會再施展也不遲。為了成為好女人而勤於上自我啟發講座，只會讓「男人緣」離妳越來越遠。

理解之後再為對方「量身訂做」，要營造出讓異性「心動」的感覺其實並不難。總之，對女人極力放電、對男人則以女人味做為誘餌就對了。至於那些想太多、或老是做白工的人，不妨考慮一下，改變戰術吧。

溝通魔法關鍵句

想引起對方的注意時

我好喜歡甜食，對這東西毫無招架之力呢～♪

盡量散發出「多少還有點女人味」的感覺，扮演好飽滿、豐盈的女孩兒角色，讓對方打從心底覺得「太可愛了」，忍不住想圍著妳打轉。其他像是「我家的狗狗好可愛喔♥」之類的說法也不錯。

妳好像經常〇〇喔。

女人一定會察覺朝自己發射而來的電波，因此盡量釋放出「我有注意到妳」、「我很在意妳」的訊號吧。想正式追求時，「其他女人我都看不上眼」的說法，效果也不錯。

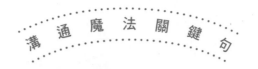

scene

12

製造驚喜

男人要的是浪漫理想
女人要的是浪漫氣氛

在伊坂幸太郎的小說《奧杜邦的祈禱》中，有一段話滿有意思的：「女人是喜歡浪漫的氣氛；男人本身就是浪漫的動物。」

女人的浪漫是成為童話裡的公主，
不擅製造驚喜的男人因此而傷透腦筋

到坐擁華麗夜景的餐廳約會、以甜言蜜語傾訴愛意、在令人怦然心動的時刻送上一個溫柔的吻……

女人對這種所謂的「浪漫」，簡直是毫無招架之力呀。

為什麼會這樣呢？也許是女人從小就深受迪士尼卡通中的公主故事所影響，也或許是女人的情緒或感受性特別強烈吧。

至於男人，倒是不太有這種感性的浪漫情懷（不曾接受過這種情緒教育），因此對女人喜歡要求製造浪漫，經常傷透腦筋。「感性」上有所不足，只好利用「動腦」和「資訊」來加強，可惜的是結果往往令人大失所望。

例如，想給對方來個生日或紀念日驚喜時，就像之前所說的，男人因為毫無「察覺」能力，對於「驚喜＝沒有明確指示，只能對女友仔細觀察、暗中計畫」的這種行為實在很不擅長，結果不是準備了女友根本不喜歡的禮物，就是變成一場毫不浪漫、甚至令人捧腹的「搞笑演出」，最後不禁讓女人搖頭嘆氣：「我要的不是這個！」男人則抱頭吶喊：「我已經用盡全力了，還要我怎樣啦?!」

此外，男人也很不喜歡「被迫」要驚喜演出。他們真的很討厭無法預測、或不能逐一說明清楚的事。原本應該是一場驚喜，結果卻變成了驚訝收場，中間甚至還可能穿插了怒氣沖天的橋段呢。

這樣的結果，只有再度讓女人們搖頭嘆氣。

男人的浪漫是追求孩子般的熱血理想，務實思考的女人只會覺得風險太大

然而，也不能因此論斷男人注定與浪漫無緣。

「為了實現兒時的願望而隻身赴美」、「想要白手起家」，或是「希望擁有自己的書房」、「希望擁有每個人小時候都會夢想的那種秘密基地」……**這些所謂的「浪漫」，對男人來說也是充滿了吸引力呀。**

就這個層面來看，「男人是浪漫的，女人是現實的。」這句話說得一點也沒錯，真是太不可思議了。

女人要是聽見男人這般孩子氣的美夢或幻想，想必會冷冷地回應：「請回到現實好嗎？」「風險太大了吧！」（尤其這樣說的人是跟自己的人生有著利害關係的老公或男友）。

不過，**既然是伴侶，就請尊重這種「男人的浪漫」，心平氣和地聆聽男人訴說夢想吧。畢竟男人也是拚了老命，配合著女人的「浪漫喜好」啊。**

男人設計的驚喜是絞盡腦汁想出來的，就算瘸腳，也請給他掌聲鼓勵吧

覺得戀愛的甜美氣氛或情緒很可笑，卻像個孩子般追求熱血、刺激的人生，這就是男人。

另一方面，對浪漫的事物愛不釋手，想要被捧在掌心上寵著，對別人的好意喜歡加倍奉還，但一碰上人生大事也不忘要冷靜看待、面對現實，這就是女人。

男女之間如此巨大的差異鴻溝，究竟要如何填平呢？

男人一旦獻上他設計的驚喜時，成熟的女人要懂得欣賞這背後所付出的努力及奉獻。即便結果還是徹底失敗（蛋糕乾巴巴的難吃死了，而且竟然訂了看不到美麗夜景的座位），還是有不少女人知道要鼓勵對方──「這是你絞盡腦汁想出來的呀，真是太可愛了，我好感動喔！」「是有點蠢啦，但是好可愛。」

想一想，為了實現女人就那麼一天「想沉浸在浪漫氣氛裡」的夢想，男人可是用盡了吃奶的力氣，花費多少時間與心力來準備，在女友露出燦爛笑容前，可是一刻都鬆懈不得呀。光是「使盡全力」這一點，就值得女人好好肯定了。

腦婆，
我精心準備的燭光生日
晚餐，妳喜歡嗎？
腦婆
生日快樂
腦公，
謝謝你的用心。
不過……
你是上哪兒找來
這麼大的蠟燭？

女性朋友們，讚許對方的努力是非常重要的。男人的思考邏輯必須建築在已知的情境之上，既不感性、也欠缺情緒的男人根本不曉得「該做什麼」，只知道「努力去做就對了」，這時候，他們能依靠的也就只有想像力了！

男人努力做自己不擅長的事，女人一旦明白了「這些都是為了我才做的？」，就應該開心而感激。擁有一顆「感謝的心」，正是通往幸福所需的最高尚人格。

相互批評「男人的浪漫理想」及「女人的浪漫情懷」，終究無法有所進展。**雖然自己無法理解，但那對另一半來說，卻是非常重要的無價之寶，既然如此，尊重對方所愛，才是真愛。要填補橫在男女之間的巨大鴻溝，最需要的也許就是想像力、以及多為對方著想的貼心吧。**

溝通魔法關鍵句

想向對方獻殷勤時

有夢想的男人最帥氣了。

面對沉浸在美麗藍圖中的他，不妨用力讚賞：「有值得花一輩子去追求的目標真棒。」全力支持對方的夢想。千萬別說：「那樣賺得到錢嗎？」「有可能實現嗎？」這種話只會掃興。

公主任性是應該的～♪

對方是不是「公主型」都無所謂，每個女人心中都有個公主夢，就邀請她一起跳脫現實、進入幻想世界，成為「被捧在掌心上的公主，以及呵護她的男隨從」吧。

scene

13

愛情中的緊張感

男人重視平常日
女人重視紀念日

一般來說，女人結婚之後整個人就變了。「突然開始講出一些很現實的話」、「生了孩子就再也不正眼瞧我一下了」……男人們經常為此嘆息。

事實上，有很多男人一開始與女人交往後，態度也同樣會有所轉變。在這個單元裡，大家可以一起來思考看看愛情中的不滿情緒。

男人在交往後就完全放空鬆懈，
女人則希望一直感受到戀愛的喜悅

男人是得意發達時就想談戀愛的生物，這時的自我肯定度高，就會希望身邊有個女人，所以男人會興致勃勃地玩起追求遊戲，施展浪漫滿分的交際手法。女人要是認為這種浪漫會持續到天長地久，那可就是大錯特錯了。

一旦開始交往，男人就會一反常態，整個人鬆懈了下來。例如昨天還西裝筆挺的男人，隔天卻突然換上了悠哉的休閒服；懶得去約會，在女友面前也不再打扮，紀念日更是隨便帶過也無所謂。女人雖然氣得大喊：「怎麼會變成這樣?!」卻完全束手無策。

當然，男人也有話要說。

男人對愛情的衝動，本來就僅止於「追求」階段，接下來他們就不在乎是否還有「心動的感覺」。**男人對「紀念日」這種白費力氣的東西不感興趣，他們只喜歡過著可以隨時發呆、每天都一模一樣的日常生活。**

在正式交往之前，男人都戴著假面具，為了追求喜歡的女性，只會展現出自己美好的一面。此外，「我花了那麼大工夫、竭盡心力才追到妳，既然開始交往了，換妳來為我付出也不錯。」男人多少也有著這樣的心態。

女人的傾向則是：和男人長期交往之後，若是這個對象無法持續給她心動的感覺，女人就感受不到戀愛的喜悅。

絢爛的愛情終究會回歸日常，更要把握紀念日，努力重現甜蜜與悸動

對於男人這種「上鉤的魚兒就不再給餌」的心態，究竟該如何處理才好？最簡單的做法就是男人要努力。不需要一年三百六十五天都努力，只需要每逢紀念日、週末，也就是在特別的日子裡努力一下就行了。

只要記得在「生日」、「耶誕節」、「交往紀念日」等日子盛大慶祝一番，絕大多數的女人都可以接受，而不會抱怨太多。男人要在那一天丟掉「兩人黏踢踢有點糗」的心理包袱，預約一家還不錯的餐廳，準備對方一直很想要的禮物，特意打扮一下，共同享受約會的樂趣。如此一來，即便女人先前還氣嘟嘟地暗想著：「這傢伙對我真是越來越漫不經心了。」也會立刻改觀：「他還是很在乎我的！」因而大為感動，忘了之前的不開心。

夫妻之間也應該如此。為了在平常日子裡能盡情放鬆，男人要趁著紀念日，努力註銷一些因為平時懶散所累積的不良記錄，這麼做保證值回票價。

女人則要明白這個事實——「一旦開始交往，男人就會慢慢變得懶散。」不論之前這男人有多浪漫、獻過多少殷勤，千萬別期待這種好康會「持續一輩子」。如果想和這樣的對象結婚，不妨善用男人「想放鬆」的心態，借力使力。

不少男人都害怕做家事，對於能煮出一桌好菜、或勤快幫忙家務的女人，幾乎毫無招架之力。當男人養成日常生活極度舒適的習慣後，就會開始思考：「或許這就是所謂的結婚生活吧。」「感覺也滿不錯的。」

只是對不起，可別期待這種男人會演出女人從小憧憬的「浪漫求婚記」，女人倒是自己要有心理準備，接受這個早已鬆懈的男人是「為了延長這樣的日常生活而決定結婚」的事實。

與其歇斯底里地怒斥懶散的男友：「這不是戀愛！」聰明的妳不如好好把握這個被妳一手掌控的男人，取得結婚的機會吧。

與其小心眼地生氣抱怨，不如重拾往日單純，再次看見對方的優點

結婚之後，女人的模樣就會跟這個早已鬆懈的男人越來越像。撇開新婚蜜月期不說，女人婚後也開始過著日常生活，一旦生了孩子、成為母親，更是鮮少再提到「想要有心動的感覺」，甚至忘了自己說過這種話，不是整日素顏、就是洗完澡只裹著一條浴巾在老公面前走來走去……（笑）。有不少男人也因此幻想破滅，搖頭大嘆：「怎麼會變成這樣?!」這樣看來，男女根本是半斤八兩嘛。

雖然時間點不見得一樣，但男女在長時間相處後，對於彼此的幻想也將逐一破滅。畢竟沒有人願意一輩子裝腔作勢，想要放鬆一下也是人之常情。

男人和女人最後很容易就此陷入「妳這樣不對」、「你不改不行」之類的負面情緒中，但既然要彼此牽手走一輩子，就應該把焦點放在對方好的一面，才能走得更久更遠。

與其小心眼地生氣抱怨，不如重拾往日的單純、找出對方的優點吧。

溝通魔法關鍵句

讓另一半再次愛上你

這是我拿冰箱裡的食材隨意做的菜啦……

對於重視日常生活的男人，親手下廚是最容易奏效的好辦法。「我拿冰箱裡的現成食材隨便做的」、「只能煮出這樣的菜囉」，有點「嬌羞」的模樣，最能打動男人的心。

這次的〇〇紀念日，我們找個地方慶祝一下吧！

要表示你很在乎特別的日子，最好的方法就是比另一半搶先點明。「這次的生日啊……」「啊！抱歉我忘了，要怎麼慶生呢……」只要避免出現這種狀況就好了。

scene

14

約會的餐廳

男人愛去老地方
女人愛去新開店

男人不愛冒險，最喜歡都是「老樣子」，女人追求刺激，對新鮮事物特別感興趣

因為男人的腦袋相對不中用，通常都需要一段時間，才能記住新規則、或習慣新事物，所以約會的地點或餐廳，男人也傾向於選擇常去的「老地方」。因為這些地方能讓男人自在放鬆，「來到這兒就覺得安心」。

腦袋相對較靈活的女人，則是對流行、新鮮的事物特別感興趣，因此有機會當然要到那些沒去過的地方，嚐鮮一下。

男人不愛冒險的程度，遠遠超出女人的意料之外。

新開的餐廳既不知道會提供什麼樣的服務，也不曉得會端出哪種料理來……光想到這些就不想去了。**男人真正想去的是常去的老地方，在這個宛如自己的城堡、能夠徹底放鬆的所在吃吃喝喝。**

相對於女人嘰嘰喳喳地熱烈討論「要不要去那家新開幕的義大利麵館？」，男人的午餐總是周而復始地「星期一吃蕎麥麵，星期二吃咖哩飯，星期三吃豬排飯」……吃著一成不變的食物。在店裡開口點一份「老樣子」的餐食，對男人來說就是最舒適、最開心的事了。

此外，成為常客後能獲得比較穩定、優越的服務，同樣會讓男人感到安心。不過是吃個飯，男人依舊不忘「想贏」的爭鬥本性，希望在現場獲得比任何人都要優越的服務。

因此，店家若是想取悅男客人，只要說「這是常客才有的哦」、「這是我們店裡最棒的東西」，這些話要比提供任何禮遇或折扣都來得有效。這種微不足道的小款待，卻能讓男人像上癮般不斷登門光顧。

女人則是偏愛不曾去過的店家。

女人不像男人總是那麼悲觀地擔心，餐廳不知會提供什麼樣的服務、端出什麼樣的料理。**對女人來說，生活中最大的樂趣就是：「不知道會出現什麼狀況，好令人期待呀！」**

所以，男人若是帶女人去新開幕的店，女人一定會開心地說：「我第一次來耶！」這就是為什麼說女人愛刺激了。

挑選約會的餐廳時，不妨配合對方的習慣，表現自己的貼心

（現今的社會，）約會時大多是男人帶頭、女人跟著走，因此只要可行，男人最好多挑選新開幕的店、或是兩人從沒去過的地方。

雖然男人會擔心「可能踩到地雷」，但女人其實沒那麼在乎結果，畢竟新鮮的體驗要比實際的內容更令人開心呀。

的確，紀念日若是挑了間不怎麼討喜的店慶祝，內心難免會冒出「大失敗」的感受，但回過頭想想，男人可是為了自己挑了一家「從沒去過的店」，光是這番貼心的舉動，女人就應該多多給予鼓勵。

而女人萬一又被帶往相同的地方，可千萬不要抱怨：「又是同一家店喔？」男人是一種既怕麻煩又隨時想放鬆的動物，新開幕的時髦餐館，就留給姊妹淘聚會時再去；和男友約會時，不妨就配合他的喜好，去「老地方的居酒屋」吧，這個選擇一定會讓對方雀躍不已。

溝通魔法關鍵句

挑選約會的餐廳時

我們去你常去的老地方吧！

在熟悉、經常光顧的老地方最能覺得放鬆的人，其實是很好處理的。換個想法，那些新開幕或話題性高的餐廳，找朋友一起去也行呀。

在○○有一家新開的店，我們去看看吧！

新開的餐廳、話題性高的店，對這種附加價值非常感興趣的人，其實是很好處理的。至於會不會踩到地雷，這也是約會的樂趣之一呀。

scene

15

發生口角

男人選擇沉默 女人選擇哭泣

兩人爭吵到最激烈的當口時，男人沉默不語，女人流淚哭泣。對彼此來說，這應該是最傷腦筋的狀況吧。女人慍怒地暗想著：「你倒是說句話呀！幹嘛悶不吭聲！」男人則是心生不爽：「太卑鄙了，竟然使出大哭這一招！」然後決定繼續「保持沉默」。

為什麼會演變成這般傷腦筋的窘境呢？

女人流淚只是一時百感交集，不要亂了陣腳而做錯這四件事

先來看看女人的「淚水」，其實我們可以把它看成是和汗水差不多的東西。

也許你會認為「都已經在哭了，怎麼能丟下不管」，但這麼做並沒有多大意義。**女人哭泣並不見得代表悲傷或憤怒**（我認為啦），**而是因為她們的感受力特別強，在瞬間百感交集下情緒漲破了臨界點，於是便哭了出來。**

很多人都說「眼淚是女人的武器」（但大多數女人都是被男人惹哭的），因此也有男人會以為「女人是故意哭的吧」。其實女人哭的時候並沒有想這麼多，她們只是無法控制自己的情緒，於是陷入一種驚慌狀態，如此而已。

根據腦科學的研究，流淚也具有穩定情緒的作用。透過哭泣，可以讓人慢慢恢復冷靜，因此別再認為女人哭泣是一種卑鄙或狡猾的行為了。

那麼，**女人哭泣時，男人該如何是好？**

就由著她哭吧。默默地陪在一旁，等到她停止哭泣。

剛才提過，女人一旦哭泣，男人常因為不知所措而採取了錯誤的做法。在這種時刻，男人應該避免的回應大致可分為四項——

1問女人哭泣的原因：「為什麼哭？」

2怒聲斥責：「別哭了好嗎！」

3慌慌張張地說：「別再哭了啦。」

4像這樣胡亂猜測：「妳是因為○○那件事而哭嗎？」

不管男人怎麼哄，眼淚不是喊停就能停的，這樣只會讓女人更感困擾。什麼話都別說，才是上策。

等到女人停止哭泣後，再重新提起話題，但不要問及哭泣的原因。這時候即使問她：「剛才為什麼要哭？」她自己可能也說不出所以然來。

男人沉默只是因為正在思考，千萬別再咄咄逼人要他表態了

而男人之所以「沉默」，是因為他沒辦法講話，如此而已。

因為大腦結構使然，男人無法同時處理好幾件事情。男人在思考的時候就沒辦法講話，只好先保持安靜、集中心力思考。

此刻的沉默，一方面也有預防說錯話的保護功能，以免萬一沒講好反而把事情越弄越糟、或是放任情緒暴走以致傷害了對方。

另一方面，小時候接受的家庭教育多少也有影響。大部分的男人從小就被教導「不可以輕易顯露情緒」，於是他們會極力抗拒表現出「悲傷」、「厭惡」、「憤怒」等內心的真實情感，不得已只好在即將爆發的時刻選擇「沉默」。

女人在面對這種狀況時，最好的解決方法同樣也是由他去。

給男人時間思考，靜靜等待他思緒重整完畢後開口說話。

但沉默不語真的很難熬，女人這時可以不要求對方回應，只是自說自話。妳可以開口問：「怎麼啦？」但不要求對方回答，然後繼續說：「我是覺得……」像這樣自己一直講下去。

最不該有的反應就是：「這樣不講話真的太卑鄙了！好歹也說點什麼啊！」像這樣搧風點火。已經陷入慌張狀態的人，再怎麼刺激他，他也講不出什麼有建設性的內容。撂下一句「我受夠你了！」憤而離席，也不是明智的行為。更不要把男人押上談判桌，不斷地逼迫他。

想要流淚或暫時沉默，都應適度提出說明，以免對方驚慌失措

那麼，接下來究竟該怎麼做呢？

男人可以要求一段獨處冷靜的時間：

「我現在腦中一片混亂，給我一點時間整頓一下思緒。」

男人越是沈默不語，心中的怒火就越會跟著熊熊燃燒，女性應該也會覺得很可怕吧。為了避免讓對方陷入不必要的惶恐，至少要對自己目前的狀態做出最低限度的說明。

有些女人的確會故意哭泣好讓男人慌亂失措，而使男人覺得「這招實在太狡猾」，所以女性最好盡量克制。

萬一真的忍不住哭了出來，可以稍微解釋一下：

「不好意思，我雖然哭了，但我真的沒有怎麼樣，別在意。」

這樣一句話就能讓男人放下心來，不至於焦慮難安。

因為互不理解所導致的誤會，經常會引發極度危險的負面情緒，但知道緣由之後，應該就能恍然大悟：「哦，原來是這樣呀。」

女人哭的時候，男人無需慌張也不要生氣，只要淡然處之即可。

對於沈默不語的男人，女人也不要再火上加油，冷靜看待方是上策。

為了讓爭吵盡快落幕，當事者雙方最好都繼續留在原處，以避免抽身離開而使對方誤解。即便當下想要爆發，也千萬要忍住。

溝通魔法關鍵句

男人悶不吭聲、女人流淚啜泣時

抱歉我哭了，你不必太在意啦。

當妳哭泣時，對方會因為這個超出能力範圍可以處理的狀況，而不知所措。如果妳不是需要對方安慰而哭，不妨告訴他：「別在意，你有話可以繼續說。」好讓對方安心。

對不起，給我一點時間考慮。

當你不說話時，對方根本摸不著頭緒你究竟怎麼了，只會忐忑不安。若能先告訴對方「我需要一點時間想想」、「我現在腦袋完全當機了」，然後再陷入沈默，就能避免引發不必要的誤會。

scene

16

感情出軌

男人譴責出軌的女人
女人譴責讓男人出軌的小三

很多人都說「男人出軌是情非得已」，這一點我完全不認同。這件事無關乎是男人或女人，而是既然有了交往對象，就「絕對不能」出軌。即便是出於「四處播種」的天性，我們既然身為現代人，就應該有能力控制這種欲望才是。

當然，在婚前的交往過程中若發展出新戀情，是比較無所謂，也確實有人因而找到真愛，但劈頭就說自己是「情非得已」，這又是什麼意思呢？（女人出軌也是一樣。）

接著我們就來看看，男女在愛情中出現第三者時，會各自表現出什麼態度。

男人覺得自己輸給了另一個男人，女人深信一切都不是男友的錯

發現自己戴了綠帽時，男人會覺得自己完全「輸給了」抓住女友那顆心的小王，於是轉而攻擊身旁的弱者——也就是自己的女友。

「自己的魅力不敵對方」，讓男人深感顏面盡失，若是不怒吼：「妳這個背叛者！」並且攻擊女友，男人要如何保住所剩無幾的男性自尊？

至於女人在發現男友有小三時，譴責的對象並不會是男友，而是怪罪小三：「一定是那個女人主動誘惑的！」然後維護男友：「他太容易受騙了。」

會這麼做，**一方面是相信男友，另一方面也是為了證明自己沒有看走眼，無論如何都要堅信「錯的絕不是男友」。女人寧願以為「是他一時鬼迷心竅，而不是我魅力不如小三」，以藉此自我防衛。**

不論男女，出軌的理由皆是因人而異。有些是在彼此關係冷淡時正好遇見新戀情，屬於「動真情而非出軌」的案例；有些則是跟正在交往的對象無關，「就是情不自禁」、「覺得這樣也不錯」，純粹只是想玩玩的狀況。

男人慣性出軌多半是想遊戲人間，女人一旦出軌經常都是動了真情

那些「經常出軌」的男人，大多戒不掉只想跟女人玩玩的念頭。對他們來說，戀愛最令人熱血沸騰的，就是到「上床為止」的階段，即便已經有女友了，還是對追求女人的遊戲樂此不疲。

只是，人總不能一輩子遊戲人間吧？為了暫時的玩樂而失去女友的信賴，似乎並不值得。想到與女友一路建立起來的關係是多麼珍貴，理性就會慢慢發揮煞車的作用。

那些戒不掉出軌欲望的男人們，還是快快放棄「結婚之後就收心了，所以趁現在能玩就玩……」的天真想法，認真找個對象腳踏實地交往吧。

女性之中同樣也有「經常出軌」的慣犯，但案例要比男性少多了。可能也是因為女人不喜歡跟沒感覺的男人上床吧，對這種逢場作戲的關係沒什麼興趣。

也因此，女人一旦出軌，多半是「來真的」。

腦公，你最近都加班到這麼晚才回家，真是辛苦了。
親愛的，為了讓妳過好日子，我努力工作是應該的啊。
在努力工作是吧 !!
那這口紅印又是
怎麼回事啊 !?
拿出 !!
對不起，腦婆！
當時我喝醉了……
跪 !!

即便男友叱責：「妳怎麼可以背叛我！」或者是哭求女友「回心轉意」，女人多半都不會回頭。再加上前面提過，女人有種在獻身後愛意也會隨之增加的特性，所以有不少女人原本對外遇對象並不是那麼認真，但只要有了肉體關係，就會開始認真考慮兩人的未來性。

東窗事發時，先用另一半希望聽到的理由，跳脫眼前的戰場才是當務之急

一旦被另一半發現了自己正在偷吃，先別管究竟是要跟正牌男／女友繼續交往，或者乾脆趁機與劈腿對象雙宿雙飛，趕緊設法跳脫眼前的「戰場」，才是當務之急。

男友現在應該為了「輸掉男人的顏面」而火冒三丈，任憑自己再怎麼道歉也無濟於事。此時不如乾脆把出軌的自己搬上檯面、反過來先發制人。這招或許有點鋌而走險，但未嘗不可一試。

「我真的很孤單呀！」「你知道我是抱著什麼樣的心情出軌的嗎？」

像這樣大吐苦水，將男友的冷落當成出軌的理由（暫時別管是真是假），先搶救男友因為魅力「輸給」另一個男人而跌至谷底的自尊心吧。

至於男人，如果被女友發現有了小三，則無論如何要讓女友相信：「都是那個女人的錯！」這時候就先別管真相為何了，只要順從著女友希望聽到的理由，像是「我當時真是鬼迷心竅了」、「是她約我的，當時我喝醉了，於是就……」，趕緊認錯、立刻道歉。如果還想和正宮女友繼續走下去，不妨告訴她：「我心裡只有妳。」或許還有機會讓女友回心轉意。

溝通魔法關鍵句

出軌東窗事發時

你明白我當時的心情嗎？

營造出「並不是你不如那個男人」的氣氛，順勢反過來抱怨：「因為我很寂寞呀！」運氣好的話，男友就不會再追究了。

對不起，我當時是鬼迷心竅了。

營造出「都是那個女人不好」的氣氛，趕緊認錯道歉。但也不是非得說「是那個女人主動誘惑我的……」，把所有罪過全推到對方身上。運氣好的話，女友會原諒你的。

scene

17

對於舊愛

男人是另存新檔
女人是覆蓋檔案

女人不論發生什麼事都能迅速調適，男人則是對往事念念不忘。對待已逝愛情的態度也是一樣。女人可以完全不在意已經分手的前男友，男人卻會將前女友珍藏在記憶裡。

這就是何以大家都說——「對於舊愛，男人是另存新檔，女人是覆蓋檔案」。

男人想從前女友身上看到往昔的自己，
女人對前男友淡然處之，完全不想再提

對男人來說，歷任女友都是珍貴的收藏。

不論當時是為何分手，既然曾經愛過，那股「喜歡」的心情永遠不會消失。男人很難將那些充滿前女友回憶的物品或照片全都丟了，有人甚至還會偶爾翻出來看一看，浸淫在往日的甜蜜中。因為，從前女友身上可以看到往昔的自己。

另一方面，近來這樣的風潮雖已逐漸衰退，但還是有男人認為「交往的人數便是男人的勳章」，而將「每一任前女友的檔案」小心翼翼地珍藏，視為是自己的豐功偉業。

女人則是永遠將當下的交往對象擺在第一位。

因此，對於已經分手的前男友，**女人的態度往往是「淡然處之」，完全不在乎。**一般人將之稱為「覆蓋檔案」，但我不是很認同這個說法。

女人的記性非常好，幾乎不必擔心回憶會消失不見。在女人的腦海中，記憶是以類似「便條紙」，而非「檔案夾」的方式保存，還會貼上無數個分類標籤。

由於沒必要回想前男友的事，平常這些記憶就保持在類似「忘記了」、「已儲存完畢」的狀態，但一需要用到的時候，女人又能迅速地搜尋出來。女人的記憶量遠比男人多，雖然檔案丟得雜亂無章，當事人卻能輕輕鬆鬆找到，甚至連當時的場景、心情都能馬上回想起來。

對於無法忘情過去的男人，一個恰當的答案能讓他感到安心

男女面對舊愛的態度大相逕庭，也因此經常引發問題。

例如，男人特別在意女人的過去。具體來說，男人會問：「以前都跟什麼樣的人交往？」「曾經交往過多少人？」據以判斷女人「究竟有多純潔」。

女人總會覺得：「問這些要做什麼？」但男人若是不知道女人累積了多少經驗，就無法放心地交往。他們的內心實在太害怕了。

不明白男人這種心態的女人，大多會丟出「忘了」或「不記得了」之類的答案。事實上，女人也真的是處於「忘記」的狀態，回想之後還要一五一十說明也很麻煩，才會乾脆這樣回應。只是女人一旦說「忘記了」，大部分的男人都會覺得女人是「故意隱瞞」，警戒心也就更強了。

我把現在交往的你
擺在第一位，那你呢？
EX
EX
EX
EX
EX
EX

這種因為作風差異而引起的猜疑實在大可不必，所以女人最好能在心裡準備一個「男人會接受」的答案。

例如，若被問到「曾經交往過多少人？」可以回答：「我每次交往的時間都很久，應該有三個人吧。」而不要說「忘記了」、或老實地講出「十三人」。

至於「前男友是什麼樣的人？」則可以回答：「參加聚會時認識的，大概交往了三個月，覺得不合適就分手了……」藉此敷衍過去，千萬不要說出「就只是個普通人」、或是「和公司長官談了不倫戀」之類的答案。

男人想知道的不是真實答案，而是希望藉此確認妳是一個能夠放輕鬆交往的對象。與其告訴男人實情而讓他忐忑不安，善意的謊言反而才是體貼。

對於只想把握當下的女人，別讓自己念舊的習慣造成對方的壓力

相對地，**女人則不要太在意男人「老是喜歡沉浸在回憶裡」**。

見到男人小心翼翼收藏著前女友的照片，偶爾還會拿出來看一看，大部分的

女人都會暗自難過：「難道他還愛著她？」因而沮喪地認為：「身邊已經有我這個正牌女友了，卻還時常想起她，想必這個人在他心目中一定相當重要。」

殊不知這些男人的心思並沒有女人想像中那麼細膩，他們頂多就是像在翻閱畢業紀念冊，回想著：「那時候真是開心哪。」如此而已。女人大可放心，完全沒必要因此打翻醋罈子。

當然，**男人也要盡量避免在不知不覺中陷入「回憶無限美好」的狀態。**

譬如，不要在女友面前提到舊情人，與回憶有關的物品最好都扔了（捨不得丟的話就絕對不要讓女友看到）。畢竟提起這些話題時，你又要教女友如何自處呢？還是改變一下這種態度吧。如果你非找個人分享，那就找跟你一樣，覺得「回憶無限美好」的男性友人吧。即便兩人抱著翻看畢業紀念冊的心情熱烈討論前女友，也不會有任何問題發生。

讓已成往事的愛情成為彼此之間的不定時炸彈是不道德的。小心別讓自己的態度造成對方的壓力，努力讓過去變得「清澈透明」吧。

溝通魔法關鍵句

被問及「曾和多少人交往？」

我每次交往時間都很久，應該有三個人吧。

回答太多或太少都不好，這個問題真是難以應對。「我不是個遊戲人間的輕浮女人。」「但也不是才剛開始談戀愛啦。」就以這種委婉的方式來表達吧（即便不是事實）。

也沒有多少個，現在的我眼中只有妳。

回答太多或太少都不好，這個問題真是難以應對。「至今交往的女友都不是我心目中的首選。」「我再也不曾想起這個人，彼此也沒有聯絡了。」就像這樣一氣呵成說清楚吧（即便不是事實）。

scene

18

挑選禮物

男人分不清差別 女人不在乎差別

不論男女，遇到要送禮的時候總是特別傷腦筋。不是找朋友討論、就是不斷逛街尋找，一切都只是希望找到讓對方開心的禮物。但其實只要抓到重點、投其所好，就能輕鬆地讓對方笑逐顏開。

超人氣、稀少價高、經典傳統……分不出好壞的男人，最愛有「內涵」的東西

男人很喜歡具有「內涵」的東西。

手錶迷、汽車迷、甚至是迷戀美食，這些男人雖然被通稱為「有所堅持」或

「〇〇迷」，但這其實是因為他們無法自行分辨好與壞，才會如此重視硬體式樣或訊息、排名。

與其說他們是「有所堅持」，不如說男人就是要在這些客觀性指標背書下，才能夠「感到安心」。

也正因為自己分不出好壞，循著指標往下走之後，一旦發現或理解了鑑賞門道，那種喜悅可真是筆墨難以形容。因此，那些所謂「有所堅持」的男人，就更是鑽進有所堅持的死胡同裡了。

對於這種男人，最適合的禮物就是同時能傳遞諸多資訊、內涵等附加價值的物品。**具體來說，能讓男人眼睛為之一亮的就是「人氣第一名」、「稀少價高」、「經典品牌」等一眼就能判別好壞的指標**。

得以立即看出優點的物品，才能讓男人安心，覺得「這應該算是好東西吧」！（這就跟他們喜歡「大家都說好」的女人，是一樣的心態）。

送女人禮物時，即使還不懂對方的喜好，誠意和熱情也一樣能製造驚喜

比起男人，**女人的心思較為細膩敏感，無需依靠硬體式樣或資訊，也能立刻分辨出東西的好壞優劣。**

對女人來說，東西有好有壞是理所當然，「可不可愛」或「酷不酷」，遠比分辨好壞來得重要許多。**重點是這個東西能不能讓自己動心、由衷「驚嘆不已」，這種純粹主觀的判斷幾乎是不會動搖的。**針對這個特質，事先詢問女人喜歡什麼再去選購禮物，一定會令她樂不可支。

只不過，每次問女人：「妳想要什麼？」得到的回答多半都是：「沒有特別想要的。」所以剛交往時的前兩、三次送禮，男人就只能憑著運氣挑選了。

女人也知道男人應該還抓不住自己的喜好，因此即便男人「完全猜錯」，也不至於大發雷霆。加上女人最喜歡驚喜，就算是一份「出乎意料的禮物」，也能讓她們樂在其中。

不過，在這個階段最好避免送出高價的昂貴禮物，畢竟「猜錯」的可能性極高，太貴重的禮物對女友來說也是一大困擾。

至於結婚戒指等高價貴重、又要長時間配戴在身上的物品，則一定要和女友一起去挑選。那些「對自我品味極有信心」的男人，特別容易買到令女友狂搖頭的「大失敗」貴重物品。

溝通魔法關鍵句

第一次送禮物時

我覺得○○這個品牌很適合你。

還不確定對方的喜好時，就以氣勢來包裝吧。「我覺得你是很適合穿戴名牌的男人。」像這樣把他哄得心花怒放：「真的嗎！」那就成功了。

雖然不知該送什麼才好，我還是很認真選了這個。

還不確定對方的喜好時，就以熱情來包裝吧。準備一些自己是如何和店員辛苦周旋的經過橋段，若能讓對方說出：「我從以前就很想要這個。」那就太好了。

scene

19

自我意識

男人不愛被分析 女人喜歡被讀心

一位小說家友人曾經這樣告訴我——

當他提到自己是「靠寫作維生」時，大部分的男人都會說：「千萬別寫關於我的事喔。」

看來男人似乎很不喜歡自己的隱私或戀情曝光。

相對地，女人就會說：「請以我為藍本吧，想寫什麼都行。」

女人很想知道自己在別人眼中的模樣，也認為能夠成為故事裡的出場人物，是相當浪漫的經驗。

了解男女對自我意識、自尊心的認知之後，交談時就不容易踩到地雷了。

男人的自尊心不允許有人「睥睨」自己，尤其還頭頭是道地揣測剖析

一般來說，男人很不喜歡被任何人拿來分析。

「分析」這種行為，多少帶著一點由上而下「睥睨」的味道。男人的自尊心可不允許有人以「高高在上」的姿態來看待自己，甚至還頭頭是道地加以剖析、揣測。

因此，即便只是平常的交談，男人也不願意聽見女友說：「你這個人很○○哦。」無論是否被說個正著，男人就是無法忍受被別人分析。

面對不想被分析的男人，想要擺明了點出他的個性時，別忘了「最後要以稱讚收場」這項潛規則。例如：

「你有時候真的很固執，但我就是喜歡你這一點。」

「雖然你的個性太認真，但這也是一種優點哦。」……

以主觀態度來做結語，就能淡化「被分析」的感覺。

最讓男人火大的，就是不只被分析，還被冠上負面評論，例如：

「你就是這麼固執，才會顯得鬱鬱寡歡。」

「你這種軟弱的個性，能不能改一改呀？」……

即便是為了對方好才這麼說，男人也只會一肚子火，完全聽不進去。既然產生不了效果，乾脆就別說了！

「原來他這麼了解我啊。」自我獲得印證的喜悅感，最讓女人嚮往神迷

至於女人，則如開頭的例子所說，都很渴望被「猜中」或被「分析」。

當旁人指出「妳就是這種人」時，女人會有一種自我獲得了印證的喜悅感。也因為有這樣的欲望，女人特別喜歡「算命」或做「心理測驗」；男友要是說：「妳就是這樣的人。」女人還會開心地認為「他真是了解我」呢。

當然啦，萬一完全猜錯，可反而會引發「他根本就不了解我」的負面效果，所以在使用這個方法時，需要一點小訣竅。

例如，善用這樣的句子——

「沒想到妳偶爾也有倔強的時候。」

「妳也有怕寂寞的時候呀。」

「也有～的時候」這種模稜兩可且放諸四海皆適用的說法，可以套用在任何評價上。

畢竟，這世上不可能有人完全沒脾氣，誰也多少都有過感覺寂寞的時候，因此這樣的說法會讓絕大多數人都認定「說得好準哦」。假如提出的結論與對方在人前展現的個性恰恰相左，又會讓當事人有種「被看穿了」的強烈震撼。

運用誰都可能符合的一般性描述，讓某個人自行對號入座，深信這根本就是為自己量身訂做的評價，這種話術稱為「巴納姆效應」（Barnum effect）。算命師或心理治療師就經常使用這個方法。根據分析，絕大部分的算命結果都符合巴納姆效應的理論，算是一種相當方便、實用的說話技巧。

想要贏得女人的信賴時，這個方法絕對派得上用場，各位一定要牢牢記住。

在社交網站上或聊天時提到另一半，女人最好盡量顧及男人的自尊心

我們再回到一開始的小說家例子，男人之所以說「千萬別寫關於我的事」，其實還有另一個原因。

男人天生就渴望「受到眾多女人的青睞」，在走入「婚姻」這份確定的關係之前，多半不希望曝光自己已有女友。隱瞞女友的存在能為自己保留與其他女人發展的可能性，這才是諸多男性的真心話。

有時女人在社交網站上貼出與男友一起去旅行的照片，卻惹得男友不開心，而男友生氣的真正原因，其實是這麼一來就斬斷了他與其他女人發展（也許根本不可能的）戀情的機會。

不論是平常聊天時、或在社交網站上，如果要提到另一半，女性都應該特別謹慎。男人是自尊心勝過一切的生物，在表達時一定要顧及男人的感受，小心別傷了他的面子。

溝通魔法關鍵句

要稱許對方的個性時

我就是欣賞你的〇〇。

男人不喜歡被分析，所以當妳一一數落對方之後，別忘了補上一句：「但我就是覺得你這一點特別好。」或是「這樣也不錯啦。」

想不到妳偶爾也會〇〇耶。

先撇開「其實誰都可能這樣吧？」的念頭，將你的發現一件件說出來。善用「沒想到妳也有~的時候呀」這種模糊、曖昧的話術，就不會得到女友白眼以對：「是這樣嗎？」

所謂結婚，就是男女談了一場轟轟烈烈的戀愛後，繼續恩愛地攜手邁向共同的生活……但各位應該多少也發覺到，事情沒有這麼簡單吧。

當兩人還沉浸在你儂我儂的熱戀期，對於男女之間的差異多少會睜一隻眼閉一隻眼（或乾脆視而不見），但進入婚姻生活後，這些差異卻一個個變得清晰刺眼了。若是以談戀愛時的那種「喜歡」或「愛」的心情來掩蓋這些問題，結果將注定是悲劇收場。

夫妻共同建立的家庭，其實就像是一間「太太是社長、先生是副社長（或部屬）的公司」；所謂結婚，就是兩人攜手新創事業（創業）。雖然每個家庭各有自己的經營方向，但基本上還是依循著由社長主導、員工聽從的模式。

對婚姻抱持著天真幻想的人或許覺得有點掃興，但如果以「家庭＝企業」、「夫妻生活＝上班」的角度來思考，夫妻之間的磨擦大多能迎刃而解。同住在一個屋簷下的男女，請一起找出最佳的溝通方式吧。

PART 3 婚姻磨合術

在家裡，女人是老闆、男人是員工

scene

20

家庭開支管理

男人因面子而活 女人因麵包而活

夫妻之所以常起爭執，主要是因為雙方都不了解「夫妻關係」是架設在什麼樣的前提之上。婚姻是另一種型態的創業，夫妻是彼此的事業夥伴，主要是兩個人「看待家庭的價值觀」不同調，才會因而出現磨擦。

以下將針對經常在家庭中引發糾紛的「節省開銷」、「現實生活」等問題，進行詳細的探討。

對戀愛與婚姻的態度，

女人是「涇渭分明」，男人則是「一視同仁」

一般來說，女人只要一結婚，就很容易變得太過於現實。

各位應該多少都曾聽過已婚男士這樣抱怨吧——「結婚之前她不是這樣的人啊……」「結婚之後突然變得對錢錙銖必較，太恐怖了。」不少家庭都有諸如此類的狀況。

之所以如此，是因為**女人只要結婚或生子，就會將家庭與孩子擺在第一位。**把孩子拉拔長大要花多少錢、如果要買房子或買車……一連串精打細算下來，女人就會對家庭開支斤斤計較了。

但是，男人卻無法理解戀愛與結婚有什麼不同。工作與私生活可以分得一清二楚（在公司是生龍活虎的「俐落男子」；在女友或太太面前卻是個懶惰鬼，這樣的男人其實還滿多的），卻把戀愛與結婚混為一談。

因此，**即使結了婚，男人幾乎不會有什麼改變。**一方面這是因為男人腦部的轉變能力不夠迅速，再加上大部分的男人都捨不得拋卻單身時代、戀愛時期養成的習慣所致。

男人希望能像單身時代一樣自由地支配金錢，繼續保有他們的虛榮心；希望

自己在這世上占有優勢，完全輸不得。對男人來說，「面子」就是一切。只要一不注意，男人就可能買下薪水根本負擔不起的名貴汽車；或是太太明明說過要撙節用度，男人卻還是豪氣地請大家喝酒。像這種完全不肯配合公司政策的經營夥伴，怎麼可能不被老闆炒魷魚呢。

女人不妨把老公當成「新進員工」，先耐住性子慢慢調教栽培吧

話雖如此，畢竟是一家人，女人只好忍下瀕臨暴發的怒火，耐住性子繼續對老公諄諄教誨。

雖然是事業夥伴，但女人最好還是把老公當成「新進員工」看待：「這也沒辦法呀，才剛進公司，不是很懂狀況。」稍微放一下水吧。

男人最擅長的就是排除萬難抵達目的地，給他一個具體的目標、期間或數字，例如：「為了買○○所以要存錢。」「我希望一年之內能夠存三十萬。」**男人就很可能與妳一起努力達成任務。**

什麼爛企劃 !!
重做 !!
知道了……
經理
辛苦了，這是你的零用金，這個月起要扣兩千元存起來換車。
省點用喔！
遵命 !!
謝謝老婆大人。

男人也別再嘆氣，埋怨太太「怎麼跟談戀愛時不一樣」、「為什麼會變成如此」，還是趕緊覺悟什麼叫做婚姻生活吧。一旦結了婚，就不能繼續沿用談戀愛時的規則了。

然後，男人還要下定決心——究竟是要繼續抱著面子不放，還是乾脆地把它給丟了。我自己也曾考慮過放下所謂的面子，做個「好老公」，但就是辦不到。這麼一來，我就得想辦法說服老闆、也就是我太太，讓她知道——「這對我來說非常重要」。面對這個比難纏的申訴顧客還不好應付的對手，怒吼「妳不懂就算了」，是解決不了問題的。與其彼此冷戰，不如抱著破釜沉舟的決心說服對方，打贏這場「顏面保衛戰」。

男人要學習進入現實的婚姻生活，女人要試著理解並接受男人的愛面子

不過，「這部車子真的很棒」之類的說法，任憑你說破嘴也是毫無用處的。女人一來對汽車沒有興趣，對車子的等級、結構也完全不懂。倒不如換個方法，

運用感性的訴求：「我從小就夢想著，如果有一天能擁有這部車，那該多好。」或者是：「買了車就能開心地四處兜風，也能載妳去一直想去的〇〇了。」順便畫出一張美麗的藍圖，成功的機率相對會比較大。

女人除了有現實的一面，也很容易感情用事，只要被打動，你的作戰計畫就成功了。老闆有賞，還不快快叩首謝恩（笑）。

另一方面，女人在婚後大多會突然切換進入現實模式，經歷過夢幻的婚禮、蜜月旅行之後，女人就從戀愛畢業了。即便在新婚期間努力想維持戀愛模式的女人，一生下孩子變成了「媽媽」，同樣會迅速跳入現實。

雖然無可奈何，但這轉變實在來得太過突然，有些男人甚至從此失去了性生活。這樣看來，男人似乎有點可憐哪。

走入婚姻後，男人要開始學著進入現實生活，女人則要試著理解並接受「男人（孩子氣）的愛面子」。

溝通魔法關鍵句

女人想存錢、男人想花錢而意見不合時

為了○○，到△△之前必須存夠●●萬元。

要讓男人動起來，必須明確告訴他目標與數據。憑空要求男人「節儉一點」，對方只會不甘不願地「唉喲——」發牢騷。

如果我幫忙做○○，可以讓我買嗎？

男人該做的不是拚命找理由爭取自己的權利，而是表現出自己能有什麼貢獻。「我可以幫忙打掃浴室，來換取購買這套高爾夫球具。」以對方也能獲益的方式來提出訴求。

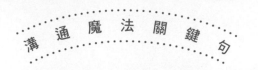

scene

21

收集癖好

男人收集用不著的東西
女人丟不掉似乎還能用的東西

男人的房間裡總是裝飾著一大堆「飲料贈品」、「款式大同小異的手錶」。女人臥室的衣櫥裡總是沈睡著「過時的衣服」、「購物袋」；廚房的置物櫃更是被「大量空瓶罐」給占滿了。

看來男女都有收集物品的習性，也都很想勸對方：「這些早該丟了吧……」

「我就是很想收集嘛！」
在收集的過程中，男人找到了自我價值

男人幾乎都有嚴重的「收集癖」。**基於狩獵的天性，男人只要把「獵物」帶**

回自己的「巢穴」，就有一種滿足感。此外，身邊圍繞著喜愛的「嗜好品」，讓男人得以營造出一種自我獨有的世界觀，並據此向眾人宣示、展現。許多人在書架上擺放了一堆裝飾品，就是出自這樣的心態。

這種收集癖一旦發揮到淋漓盡致，房間在不知不覺中就會被公仔、卡片等玩具，或打火機、唱片等嗜好品給占據了——而這些對女人來說，全都是「沒有用處的東西」。

讓男人的收集癖頓時熱血沸騰的賣家，所推出的購物陷阱每每讓男人高呼：「好讚喔——」而自願上鉤。例如，廠商推出的「〇〇卡片」或公仔扭蛋機上，都會特別註明「一共有三十種」之類的目標設定，而讓男人覺得——「這是要我去收集的指令嗎！」內心油然升起想要達成任務的欲望。

很難買到的「設計師公仔」、或是「期間限定」等有時間或數量限定的物品，更是讓男人瘋狂地想要盡快達成收集任務，甚至不惜大手筆撒下重金，只為了實現目標。這種感覺，女人當然無法理解。

「說不定哪天會用到呀？」
只要東西似乎還有用，女人就捨不得丟

至於女人，收集的是「有用處的東西」。如同開頭提到的「過時的衣服」，說不定哪天還能再拿出來穿；果醬「空瓶」或買衣服時包裝的「購物紙袋」，一旦有需要就能立刻派上用場，不是很方便嗎？

只是，被打入冷宮的衣服真有重新亮相的一天嗎？有什麼東西是需要裝進果醬空瓶的？紙袋留一、兩個就足夠了吧……一一破解之後，就會發現女人跟男人一樣，收集的都是些「沒有用處的東西」。**與其說是「收集」，女人其實是「捨不得丟掉似乎還能用的物品」，不像男人是抱著愉快的心態來收集物品。**

最能顯示女人這種心態的，就是流行時尚雜誌經常隨刊附送的「化妝小包贈品」。這些商品如果擺在店裡出售，應該絕對不會有人買吧。但女人一看是雜誌的贈品，就會覺得：「也許哪天用得著（……吧）！」整顆心都被那個不需要的化妝包給迷住，最後就掏錢買了根本不會看的雜誌。

與其強迫對方丟掉、或自作主張扔了，不如等候時機再提出處理建議

夫妻倆同住在一個屋簷下，若是有對方無法理解的收藏物，的確很傷腦筋。不過，在此之前要請各位先有這樣的理解，那就是：

「對方收集這些東西時的想法與角度，跟我的認知並不一樣。」

對於男人的收集癖好，如果純粹只是個人的興趣，那就隨他去吧。最要不得的做法就是硬逼對方把收集品全丟了、或是自作主張將東西扔掉。因為任何一個「男孩」都有過最喜歡的寶物或收藏被母親當成「垃圾」丟掉，憤而流下男兒淚的不堪往事啊。曾有過這麼一段悲慘遭遇的男人，往後對於收集這件事就越發執著，甚至會表現出「絕對別碰！」的態度，近乎神經質地保護著心愛的物品。隨著執念越來越深，收集癖好也變得更加嚴重。

想解決這個問題，最簡單的方法就是等著男人玩膩了。任何收集品總會不斷推陳出新，收集任務達成後，熱衷度也跟著降溫，甚至不會再多看一眼，這就是男人。**「看起來似乎沒興趣了」的時機一旦到來，立刻順水推舟試著問：「可以**

把這些東西處理掉嗎？」妳一定會聽到男人竟意外爽快地一口答應。

不能對女人做的事情也是一樣——千萬別逼她把東西全丟了，更不可以擅自處理。雖然不像男人收集的都是些「很喜歡的物品」，即使被丟掉了也不至於嚎啕大哭，但女人絕對會想著「幹嘛把還能用的東西丟掉」、「明明就還用得到」，一記起來就咬牙切齒，叨念個好幾年沒完沒了。

想讓女人自動處理掉收集的物品，最好的辦法便是製造一個非整理不可的狀況，例如邀請朋友來家裡玩，或者建議她變換一下房間的擺設。「萬一真有需要時，我們再買新的……不，是我買新的送妳啦。」這也是說服對方的好方法。即便口是心非也無所謂，先拍胸脯保證再說（反正這個「萬一」絕不可能成真）。

兩個人一起生活後，會發現彼此有許多令人不解、而且相當傷腦筋的習慣，但其實絕大部分的狀況都是半斤八兩，彼此彼此。

「幹嘛老是收集這些沒用的破銅爛鐵！」不要再這樣對另一半咄咄逼人了，好好想個穩當的解決方法才是真的。

溝通魔法關鍵句

想處理對方那些沒有用處的收集品時

可以先把它們收起來嗎？

不要硬是強迫對方收拾，可以說：「這麼重要的東西弄壞就糟了，我看先放在那個房間吧？」運用這種方式讓男人慢慢收拾，靜靜等著他玩膩的一天。

如果要用，再買新的給妳。

當太太預想著「有這個很方便」、「另一個壞掉時，就可以拿這個出來用」，可以這樣說服她：「如果真有這麼一天，再買新的吧。」「妳想要什麼，我都送給妳。」

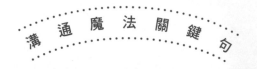

scene

22

家庭中的角色

男人想當孩子　女人想當女子

某位哲學家曾說過：「人類有三種性別，即『男性』、『女性』與『母性』。」

男人打從出生後一直到死，始終都是男性。

女人則是生了孩子之後也跟著轉性，變成「母性」。

男人希望自己一輩子都是個小孩，期待女人接替「母親」成為照顧者

基本上，**男人一輩子都長不大。他們不像女人有機會歷經生子、育兒**（近來雖然也有不少身兼母職、參與教養孩子的「育兒爸爸」，但他們終究無法親自生產或哺乳啊），**所以即便已經是大人了，內心還是像個孩子一樣，存在著「我不想長大」、「好想玩耍一輩子」的想法。**

因此，所有男人或多或少都有點戀母情結。

無論多大年紀、不管什麼身分地位，男人都會向身旁的女人尋求母愛。在外面是個西裝筆挺、工作勤快俐落的大男人，在家裡卻只會喊著：「老婆，我的襪子呢？」變成連自己的衣服放在哪裡都不知道的「散漫老公」。男人就是喜歡把老婆當「老媽」撒嬌啊。

結果，**男人最喜歡的女人就是「不管自己做了什麼，都會溫柔地守護在自己身旁的媽媽」，於是也在不知不覺中把太太當成了新的「媽媽」**。即便太太比自己小二十歲也一樣，差別只在於這是個「年輕一點的媽媽」（這對男人來說又有另一種魅力）。

女人希望永遠被當成女人看待，對男人要自己扮演母親的要求很感冒

女人希望一輩子都能被當成女人看待，所以很受不了男人的這種心態。

或許有人認為：「咦？都已經當媽了，還會這樣想？」要知道，女性變身「母性」是有階段性的，只會在孩子長到某個年紀之前暫時維持這個身分。

基於生子、育兒所要背負的責任，女人會在放手讓孩子單飛前努力扮演「母親」的角色。等孩子長到一定的年紀，女人才驚覺自己竟然成了「〇〇小朋友的媽媽」、「〇〇家的太太」，對於無性生活也心生不滿。老公總是稱呼自己「媽媽」或「媽咪」，**女人開始對非得扮演「照顧者」角色的現狀，感覺有點不對勁。這表示她們的開關已經又從「母親」切換回「女人」了。**

這或許也是基於女人大腦的多工處理能力，讓她們可以隨時在這兩個角色之間轉換來去，完全沒有問題。

從小學時代起，女孩的心智年齡就要比男孩高。相較於女孩早早就開始聊著「喜歡誰」或「〇〇同學好帥喲」，男孩的話題永遠只會繞著卡通或足球打轉。雖然上了高中後，男生之間也會開始出現「戀愛話題」，不過這主要是出於性欲。男生嘴裡的「喜歡」或「可愛」，說穿了就等於「想上床」，這和女生心裡想的

這男人什麼時候
才能成熟一點啊 !?
咻～～

「情操崇高的戀愛」完全是兩回事。

眼見男生這個模樣，女生內心難免會焦慮：「這些男生什麼時候才會成熟一點啊。」可惜的是，他們的心智年齡是追不上女生的。

女人會隨著結婚、生子等人生階段的推移而不斷蛻變、越發成熟，相較之下，男人則是一輩子都不會有什麼改變。這也難怪女人會心生不滿：「我都已經長大成人、甚至當了媽媽，為什麼你還是一點都沒變？」

繼續把妻子當情人一樣疼愛，像朋友般陪伴丈夫一起玩樂

想要永遠當個小孩的男人，以及希望一輩子都能被當成女人疼惜的女人，要一起過著幸福美滿的日子，就得滿足彼此的需求。

要讓老公開心，最好的方法就是覺悟對方其實就像個孩子，以「朋友」的身分陪他一起玩。交往中的男女也是因為「玩樂」而拉近彼此關係，兩人培養共同的嗜好，也會互相關心工作上的狀況等。**即使結了婚、成為「共創家庭這項事業**

的夥伴」，還是要繼續與對方維持共同的「樂趣」。

對男人來說，工作也是一種嗜好或遊戲。「今天工作滿順利的。」這種對妻子來說引不起多大興趣的口頭報告，卻是男人相當喜歡的話題。女人就把它當成像是小孩在說：「今天我和〇〇同學一起打電動哦。」聽完不妨再加上一句：「這樣呀，太棒了。」以這樣的方式來回應吧。

先生則是要和交往時一樣，繼續把妻子當成「戀人」。即使對方已切入現實模式、擺出一張「老闆臉」，內心深處還是渴望被當成女人疼愛啊。

當個公司老闆可不簡單，要操心的事情何其多，男人得多體諒這一點。認真地看待紀念日，偶爾放下孩子，享受只有兩人的約會時光；即便不是紀念日也可以送個驚喜小禮物……反正一般人所謂的「老套」都可以試試看，絕對能讓太太又驚又喜。

在女性變身為母性的期間，男人的態度會對夫妻關係造成極大影響

不過也有人說，女人生了孩子後因為受荷爾蒙影響，就徹底變成了「母親」，不管男人再怎麼努力營造戀愛的氣氛，都不會產生任何效果。但既然是荷爾蒙作祟，又不是妻子突然變成了別人（雖然真的彎像變了個人），**女人扮演母親的角色總有一天會落幕，在這段期間，男人就把「像個孩子般的自己」暫時封印起來，努力做個「好爸爸」、「好老公」，和太太一起做好照顧孩子的工作吧。**

在女性變身為「母性」的這段期間，男人是否伸出援手，將會對往後的夫妻關係造成極大影響，錯過這個絕佳機會，日後將難以彌補。快快打起精神來，好好地面對它吧！

溝通魔法關鍵句

讓夫妻感情更甜蜜的萬用句

今天工作還順利吧？

就像妳會問孩子：「今天在學校過得如何呀？」關心一下先生當天的狀況。也可以問問：「今天還順利吧？」等對方回答後，別忘了加上一句「很棒嘛！」「不錯哦！」加以讚美一番。

咱們倆偶爾也來場約會吧。

重點在於刻意強調「我們倆」、「約會」這些用詞。如果家裡有小孩要照顧，也可以改成：「小孩交給我照顧，妳去美容院放鬆一下吧。」或是「去跟朋友聊天喝茶吧。」

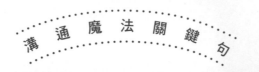

scene

23

家事、育兒

男人擅長單一作業
女人擅長多工處理

以往的家庭運作型態其實相當簡單，所謂「君子遠庖廚」，在男主外、女主內的分工下，男人只須全力打拚事業，家事與育兒的任務就全交給女人處理。現在的情況當然不再如此了，以下就針對男女分擔家事、育兒的議題來討論。

女人的腦部具備多工機能，能八面玲瓏地處理各種複雜作業

家事、育兒都是相當適合女人的工作。女人的腦部結構擁有左、右腦連結性極強的「多工機能」，擅長處理必須同時進行理論性思考與直覺性反應的各種複

雜作業。例如，一邊操作洗衣機同時做早餐，還要觀察孩子是否健康有精神地吃著早餐，順便確認老公有沒有忘了帶東西，再偷空瞄一下電視上播放的晨間新聞節目……

媽媽們平日的工作能順利完成，都是拜腦部的「多工機能」所賜。至於左、右腦的連結性不強，只能「單一作業」的男性大腦，就無法如此八面玲瓏了。

因此，「男主外、女主內」其實是一種相當適才適所的分類模式（但這並非指女性不適合在外工作喔）。

「我可以幫忙做什麼？」只能單一作業的男人，就該聽從太太的指揮

不過，現今基本上是一個夫妻都在工作的「雙薪」時代，所以男人不能再以「不擅長」為理由而規避家務。家事也好、育兒也罷，都必須由夫妻共同分擔。

只是，即使雙薪家庭已成社會主流，在不少家庭中，大部分的家事負擔依舊是落在妻子身上。那麼，屬於家事「門外漢」的先生，究竟該如何自處呢？

由於家事還是女人擅長的領域，最基本的原則就是讓先生配合妻子的做法，重點就在於——**太太下指令，先生配合執行。**

男人要有自知之明，了解自己對這個領域並不在行，最好能主動請求妻子指派任務：「我可以做些什麼？」

就跟在公司時一樣，結束了一項業務，就得自行要求上司發派工作。若不知道從何著手，則不妨開口問：「該怎麼做？」以了解具體的步驟。就當自己是剛進公司的菜鳥，向前輩——也就是太太——請教做事的方法吧。

這時要注意的是，男人不可抱著「我是來幫妳」的想法，以上對下的姿態來協助處理家務。要知道，光是省略「我是來幫忙」這幾個字，就能讓多少家庭維持祥和與幸福呀！

前面已經提過好幾次，現代家庭的家事應該由男女共同分擔。由於大眾心中依然存在著這樣的印象——「家事是女人的事」，男人難免會滋生「伸出援手」的協助者心態，但要注意可千萬別掛在嘴上，以免招致女性反感。要採取低姿態，以「我希望能幫上妳的忙」這樣的態度，拜託妻子把家事分攤給你。

當孩子半夜哭泣時，男人即便確定「（無法哺乳的）我對此無能為力」，也不能就這樣丟給太太處理，繼續倒頭大睡。「我明天還要工作，當然要睡飽。」這樣的判斷很合理，但比起明天的工作效率，此時更該關心的應該是育兒中太太的心情。

就算使不上力，一起陪著孩子等他安靜不哭，多少也能減輕妻子的焦慮感。站在妻子的立場來看，老公雖然最後什麼忙都幫不上，但至少他「願意起床陪著我一起度過」，實在是個好老公。

對先生下的指令要盡量具體，順利完成任務後，也請用力表揚

另一方面，妻子不妨把先生當成新進員工看待。**在家事這個領域，先生完全就是個「被動等待的人」，沒有能力「自己看狀況」或「臨機應變」。要麻煩先生做家事，指派工作時就得把他當成公司新來的菜鳥，具體地告訴對方「該怎麼做、要做些什麼」。**

例如，若只是叫先生「去把洗好的衣服晾起來」，男人絕對不明白女人究竟要的是什麼。

「把T恤掛在晾衣架上，手帕或內衣褲用晾衣夾夾好。像這樣稍微拉一拉衣服，把縐褶拉開後才算晾好。」即便有人會懷疑：「有必要解釋得這麼詳盡嗎？」也要誠懇而仔細地加以說明。

等先生做完了家事，記得要大加宣揚地褒獎一番：「真是幫了大忙！太謝謝你了，還好有你在。」

把對方捧上天之後，再表達出「是自己說得不夠仔細」的語氣來取代斥責：「衣服與衣服之間保留一點空隙，會乾得更快。」然後給予對方具體的指示：「下次就拜託你囉。」

這樣一來，先生就知道「追加了新指令」，並且迅速改善。這聽起來有些麻煩，卻是讓先生把家事做得更好的訣竅。

有些先生並不會主動幫忙，這時可以想辦法讓他認為做家事是一種「任務」。

「我上班的時間比較早，垃圾就交給你去倒囉。至於我會趁晚上把衣服都洗好。」

就像這樣，給先生一個必須做家事的充分理由。

要先生動手幫忙，重點就在於選擇一種他能聽進去的說服方式，而不是怒聲斥責：「你也要做家事啊！」

家事或育兒就像是「真實版的扮家家酒」，這種純女性的範疇是從小玩「棒球」長大的男人完全不懂的世界。只是，**太絕對的分工並無法適用於現代家庭的經營，基本上，太太負責指揮、先生密切支援，透過這種互相搭配的合作方式，才能使任務圓滿達成。**

溝通魔法關鍵句

夫妻一起做家事時

我想去○○做△△，可以幫忙××嗎？

希望先生幫忙帶孩子時，口氣可以委婉一點。對方若處理得很好，別忘了嘉獎一下：「真是幫了大忙！」要是採用這種說法：「能不能做得好一點啊！」有時可能會招致反效果，惹得對方回嗆「那妳就自己做啊！」千萬要小心。

我可以做些什麼？

就像上班時詢問主管：「我可以做點什麼嗎？」努力尋找自己可以幫忙完成的項目。太太做家事時會有一定的堅持或規則，男人務必要予以尊重。等你熟悉狀況後，也可以自告奮勇說：「這個我來負責。」

scene

24

在家裡的模樣

男人愛發呆 女人易焦躁

男人在家時，絕大部分的時間都在發呆。

有此一說，男人乍看之下是在發呆，但腦中負責圖像處理（右腦）的區域其實正在全力運轉、處於思考的狀態，因此其他的動作才會都暫停下來。

這也就是說，男人必須要有「一段時間」來處理訊息。能夠快速處理訊息的女人，倒是不太認同這一點：「要想事情的話，還是可以邊做邊想啊！」老婆大人一臉不耐煩，男人卻只能委屈地回應：「妳說得簡單，但我就是辦不到啊……」這種夫妻之間的差異，經常成為家庭氣氛和諧不起來的未爆彈。

男人回到家只想徹底放鬆，無法理解忙於持家的女人為何焦躁不耐

先別管之前提過的腦部構造問題，有些男人在家裡發呆的時間未免也太多了。男人的觀察力本來就不是很好，再加上婚後把老婆當老媽，很多事情都要賴全丟給妻子處理，所以才會變成如此。

從前的男人是在狩獵或打仗之後，**現代的男人則是為了消除工作的疲累，回到家便整個人鬆懈下來（偶爾還會鬆懈過頭），完全變成一團爛泥**。偶爾用眼角偷瞄正忙著做家事的妻子、一邊盯著電視機發呆；就算要出門，也只是為了興趣或嗜好才專程出來走動一下……因此才會常有家人認為「老爸就是個沒用處的傢伙」。

至於女性，在家的時候大多處於焦躁不耐煩、一觸即發的狀態。**在家裡，老婆就等於是公司社長，要負責管理家計、照顧孩子的學業，還得經營與鄰居的人際關係……壓力來源何其多呀**。再加上還要關注四面八方的情況（不自覺就是會關注到啊），心力交瘁之下，壓力隨時都可能破表。

但是，觀察力不佳的先生無法理解妻子焦躁不安的原因，只會覺得太太「真討厭」、「好可怕」。原本應該是安心舒適的家，卻因為太太總是像隻刺蝟似地自怨自艾，而讓男人覺得——「我就是想放鬆一下才回家，家裡卻是這種氣氛，好鬱卒啊。」

結果，男人慢慢變得不想回家，希望在家庭之外的地方獲得滿足，最糟糕的狀況就是在外尋求小三慰藉。雖然要說先生這麼做是出於「無奈」，實在讓人難以苟同，但似乎也不能說妻子就「完全沒有責任」。

主管不耐煩時怎麼辦？換個想法，把妻子當上司、先生當下屬來思考對策

為了避免引發這種惡性循環，夫妻倆必須同心協力，認真地「營造良好的氣氛」。就像在辦公室要維持融洽和諧，在家裡也要特意這麼做。

我曾聽某位男性熟人說過，即使工作做完了，他也不是想著：「啊——真想趕快回家，好好休息一下。」反而是告訴自己：「好，另一項工作也要加油喔！」

做好心理準備才回家去。對他來說，走進家門說出「我回來了」這句話，等於是工作要進入第二輪的信號彈啊。雖然應該沒有幾個人會把自己逼到這種地步，但多少還是要具備這種小心戒慎的緊張感。

把家庭問題代換成職場問題，很容易就能找出正確的處置方法。例如，當上司露出不耐煩的表情時，你絕對不會說：「課長，不要煩躁啦，辦公室的氣氛都被你弄僵了。」是吧？你應該會先不去打擾上司，等他心情好轉再說。

在家裡**面對火氣正大的妻子，最好的處置方法也是——先別管她。一旦感覺到太太似乎想找你說話了，不妨就聽她發發牢騷，讓她把心中不滿一吐為快。**

至於老是發呆的先生，太太不妨把他當成是「懶散的下屬」。先生在家完全就是個「等著被指使的人」，不要期望他能「自動自發」，**就把想要他完成的工作，一件一件發派給他處理吧。**

過程中，要避免口氣不好地怒喊：「反正你閒著也是閒著！」不妨這樣說：「如果你能幫我洗衣服，那就太好了。」「可以麻煩你幫忙燙衣服嗎？」以這種

「提議」、「拜託」的口吻來提出請求。一旦受到太太的請託，不少男人反而會因此鬥志高昂呢。

此外，自己畢竟是先生的上司，平常也要記得略施小惠。例如問問先生：「想不想出去喝一杯呀？」「去找朋友輕鬆一下吧？」讓男人有機會充充電；或者也可以允許他有更多時間沉浸在自己的興趣小天地裡。

本篇一開始時也曾提過：「經營家庭與完成公司的專案，在性質上是大同小異。」根據這個大前提，各位應該就能明白，**在家裡沒有人可以任性而為。對另一半要付出更多的體貼與關懷，夫妻相處更是不能散漫隨便。簡而言之，就是要維持「相敬如賓」的關係。**

兩人相處的時間一久，負面缺點理所當然也會一覽無遺。因此，最重要的就是夫妻雙方能否用心地調適這些缺陷與歧異。

溝通魔法關鍵句

要關心對方時

怎麼了？

發現老公發呆時，可以問問他：「怎麼了？」如果對方回答「沒怎樣啊」，就趕緊發派工作給他：「太好了，那不好意思，可以幫我做一下這個嗎？」

怎麼了？

先觀察妻子的狀態，若顯得有些焦躁，可以問問她：「怎麼了？」如果對方回答「沒事」，就靜靜地別再出聲。

scene

25

夫妻的交談

男人在眾人面前話多
女人在喜歡的人面前話多

男人與女人的「傾訴對象」很不一樣。而夫妻倆要維持圓滿的感情，秘訣就在於交談時，也要謹守一方是「說者」、另一方是「聽者」這個基本原則。

那麼，要如何才能讓兩人相談甚歡、溝通無礙呢？

男人希望獲得他人的尊重，女人想要的是自己人的共鳴

男人想要的傾訴對象是「他人」。**由於男人渴望「獲得全世界的認同」、「對眾人產生影響力」、「受到各方的尊重」，一有機會在眾人面前說話，當然希望**

講話的時間越久越好。尤其是碰到自己擅長的話題或工作上的強項，男人的話就更多了，而這些滔滔不絕的長篇大論，絕大部分都只是自吹自擂。

還有一種以「今天的天氣如何如何」做為開場白，能以有效率、有規則可循的形式發表的「致詞演說」，也是深受男性歡迎的溝通方式。「循著規則，在有限的時間內把想講的話一次說完」，這樣的任務特別讓人有種達成使命的成就感（即便是一廂情願地自說自話也無所謂，這也是令男人們喜愛的原因）。

只是，再怎麼喜歡長篇大論，還是要注意一下內容是否有趣吧。在婚禮上，能夠引得新郎、新娘熱淚盈眶的，通常都是女性的致詞（不斷爆料一些過往的小插曲，但這也有個缺點，就是除了自己，大概沒幾個人知道妳在說什麼）；男人公式化而呆板的演說，則無聊到令人難以置信，這世上竟然有人可以講出這麼沒營養的內容。

不過，至少當事人能獲得「達成任務」的成就感，倒也不算是壞事吧。

看起來「很愛說話」的男人，在妻子面前卻變成了省話一哥。這是因為男人在家裡就是想放鬆，少講點話還可以節省體力。

相對地，女人喜歡的傾聽對象大多是「自己人」。女人天生就愛講話，藉此可以「消除壓力」、「獲得共鳴」。

所以，女人總喜歡找老公或孩子、親近的姊妹淘或熟人聊天。大部分的女性反而不習慣站在大眾面前有目的地演講或致詞。

傾聽另一半說話時，善用三大要訣，讓夫妻感情更圓滿！

先生要的是向外展現自信，妻子要的是彼此能有共鳴。這種夫妻之間的溝通差異，究竟要如何消解呢？

首先，夫妻必須重新審視彼此的「聽話態度」。以下介紹的「傾聽另一半說話時的三大要訣」，則是無論男女都適用。

1不要提出任何建議

男人特別容易犯這個毛病，往往為了下結論而急著提出建議：「既然如此，妳不如〇〇就好啦？」

然而，就像許多探討溝通的書籍所提及，女人聊天並不是為了尋求結論或建議。她們只希望有人能聽她說話，回應著「是這樣啊」、「我了解」，這般與她心有戚戚焉。

此外，提供建議有時也會招致反感，令人覺得你是「以高姿態來聆聽對方說話」。因此，即使心中很想做個總結，最好還是忍住，做個純粹的「聆聽者」或「適時地幫腔附和」就好。

2不要打斷對方說話

當對方正在講話時，千萬不要中途插話問道：「怎麼回事？」「怎麼會發生這種狀況呢？」

講話是有節奏性的，當對方正講得熱血沸騰時突然被問題打斷、或只是敷衍附和，會讓原本說得很開心的人瞬間冷卻下來。即便想做個稱職的「附和者」，也要注意別干擾對方說話的情緒。

3不要想其他的事情

這也就是說，在交談過程中要全神貫注。

當對方一個人講得口沫橫飛、興致高昂時，大多數聽者會容易有種寂寞、無聊的感覺。這時候，看手機或看電視這種明顯「心不在焉」的舉動當然萬萬不可出現，即便是心裡想著「肚子好餓」、「講好久喔」，也最好避免。因為對方一定會發現你「只是假裝在聽我說話而已」。

每天撥出一點時間雜談閒聊，可以撫慰情緒、加深彼此的了解

除了這些基本信條，還有一點是：先生回家後，一定要好好聆聽太太說話。

許多人夫一回到家只想好好休息放鬆，很少會聽聽太太說話，因為太太一開口總是沒完沒了，一想到要陪這樣的人聊天就覺得痛苦。所以，男人有時甚至會乾脆說：「我今天上班非常累。」而一口回絕。

不過想一想，在辦公室裡要是老闆找你講話，你應該不敢開口說：「我現在很累耶。」而對他無動於衷吧？

千萬要記住，男人沒有權利說「不聽」，一定要彎下腰來，聽聽妻子「說話」（這也是在家庭這間公司裡的一件重要工作哦）。

尤其是太太如果整天都待在家裡照顧孩子，她能聊天的對象也只剩下先生而已呀。她會想著：「能聽我說話的對象終於回來啦！」心情也變得雀躍不已。光是想到這一幕，即便太太的話稍微冗長了些，先生至少也該聽一聽吧。

女人除了希望對方能對自己說的話有所共鳴，即便不懂先生講的事情而覺得無聊、或者先生對工作發起牢騷，也都會願意聆聽。

如果先生沒有說話，妻子還會主動發問：「今天過得如何呀？」就算是一點都不有趣的自吹自擂，妻子也會表現得心有同感，甚至大大誇獎一番。只要知道妻子會稱讚自己，男人在家裡也會變得多話起來。

如果真覺得要聆聽彼此說話有點麻煩，找對方「一起去喝一杯」也是不錯的辦法。相信不少人都有過這種經驗：幾杯黃湯下肚，事情就變得不那麼令人在乎了。而且喝醉之後感覺時間過得特別快，隔天早晨醒來，再怎麼努力回想：「在居酒屋待了四個小時，究竟都聊了些什麼啊？」卻一點也想不起來……這一招也很適合套用在家中喲。

我周遭就有不少夫妻喜歡一同小酌，雙方感情也非常好。姑且不論他們對彼此的談話內容有什麼感想，但手上的那杯酒，的確成了溝通時最好的橋梁。

今天遇到了哪些事、有什麼樣的感想，這些雜談或許沒有重大的意義，卻是加深彼此了解的重要線索。每天都撥出一點時間互相溝通，正是打造更美好的夫妻關係不可或缺的功課啊。

溝通魔法關鍵句

讓夫妻相談甚歡的基本用語

這樣嗎？太好了！

基本上就是要當個啦啦隊。要是真講了太多遍「不愧是你」、「好棒」，不妨就把心中的感想更具體地直接説出來。想提供建議時，則可以採取迂迴戰術：「我也不是很懂啦，不過～似乎也不錯的樣子。」

……對呀，我了解。……的確是這樣。

基本上就是要與對方有所共鳴。只要在句子裡加上「對呀」，就能讓另一半覺得你是站在她這邊。想提供建議時，不妨説：「也可以利用～的方式」，讓對方再做考慮。

scene

26

關於改變

男人不願改變自己 女人想要改變對方

之前曾經提過，女人都擁有變身美夢。實際上，女人由於腦部結構的關係，得以迅速轉換跑道，面對變化的適應能力相當強。因此，女人也會期待男人能夠有所改變。

然而，男人卻很不容易適應新環境，也完全沒有變身的欲望，甚至非常堅持自己「永遠都不要有所改變」（不過倒是很希望快快成長）。

想讓這種「永遠都不要有所改變」的男人產生變化，簡直是不可能的任務，絕不是女人想像中那般容易。因此，「想要改變對方」的妻子和「完全不想改變的丈夫」，就經常會出現磨擦。

不知為何要改變的老公，
是個「趾高氣昂、不肯好好配合的下屬」

首先，我要給女性朋友一個良心的建議，就是——千萬不要以為男人結婚之後就會有所改變。例如：「結婚之後就不會再花心了吧。」「結婚之後，要花錢時應該懂得先想想吧。」「生了孩子之後，應該就會撥出一點時間給家人，而不至於整天忙著工作吧。」……

女人對男人有著百般期待，可惜這些盼望多半都會落空。男人只要一養成習慣，就幾乎不會再改變了。

結了婚的男人就跟跩得要命、工作卻做不好的公司菜鳥沒兩樣。也不知道他們是哪兒來的自信，給他再多的好建議也完全當成耳邊風；即便創立了全新的規則，他們卻還是緊抓著舊規則不放，全力抵抗新做法。

認為「我要是跟著改變就輸了」，再加上適應新規則還需要花時間，男人就會心想：「我才不要那麼辛苦呢。」這種傢伙若是自己部門的下屬，實在是……

雖然心裡很悶，不過要知道，世界上有很多人夫都是這種「趾高氣昂、不肯好好配合的下屬」啊。不要以為自己的先生有可能是例外，接受「男人就是不願改變」的事實，找出破解方法才是上策。

妻子是「喜歡照顧別人的能幹上司」，那就先扮演好「聽話的員工」吧

我要給男性朋友的良心建議則是：配合妻子適時改變，會讓自己更輕鬆。人夫可以堅持抗拒改變的攻防戰，只需要「假裝」自己已經改變了，妻子的攻勢應該就會大幅減緩。

不妨就把妻子當成「喜歡照顧別人的能幹上司」吧。

在家裡，太太說的話絕大部分都是對的。「零用錢三萬日圓」、「少參加聚會」、「不准抽煙」之類的規定，對男人來說應該都很難接受，於是一股「我幹嘛要屈服」的情緒就會湧上心頭，更進一步演變成「我才不要」的反抗態度。

可是，男人們請仔細想想——想要買房子，花錢就得分輕重緩急；為了健康著想，少喝點酒或少抽點煙確實沒錯。妻子（上司）是真心為了家人著想，所說

的話當然也是對的。

此外，大部分的職業婦女在公司裡，不也得配合男人的規則來處理工作嗎？所以回到家中，多少也會希望先生能配合自己的規矩來行動吧。

在家裡，「妻子是老闆，先生是員工。」一想起這句話，員工多少也能體諒老闆「希望讓員工變成適合公司的人才」這股積極的熱情吧。

基本上，先生放下身段來「假裝配合」妻子，是最好的解決方法。當然啦，能夠真心聽從最好，但也不必勉強，男人只要扮演好「聽話的員工」即可。

對於妻子的建議，男人可以展現出「我會照妳說的去做」、「我會努力看看」的正面態度。在眾人面前，則不妨以「在老婆面前跩不起來啊」、「沒辦法，我老婆太能幹了……」的說法來自我解嘲吧。

一開始，男人或許會因為被兄弟們揶揄「結婚之後變得比較穩重哦」，而覺得有些後悔，但漸漸就會發現配合妻子的結果，是凡事都變得輕鬆多了（這可是持續三百六十五天、甚至接連好幾十年的事哦）。這時也可以稱讚太太：「妳說的果然是對的。」諂媚一下效果更好。

假裝改變可不是陽奉陰違，而是表示認同地「朝太太的期望努力去做」

最要不得的行為就是「欺騙」太太。例如，明明說要「戒煙」，背地裡卻偷偷繼續抽，或是瞞著太太跟朋友出去聚餐喝酒。女人對於謊言、欺瞞的感覺特別靈敏，但男人最不擅長的就是掩飾謊言。

一旦被發現說謊，失去的信用就很難再挽回。真的忍不住煙癮或想喝兩杯，可以跟太太打個商量：「我在家時就不抽煙，我會想辦法慢慢減少抽煙的次數。」「迎新送舊會比較多的時候，就讓我去小酌一下吧。」

也許有些男性會誤解我所說的「假裝改變」，總之就是**「虛應附和」地「朝著太太說的方向努力去做」，這樣就對了。**

至於人妻們也別抱持太大的期望，要知道丈夫的改變需要時間，就像員工的成長也無法一蹴可幾啊。不需要怒聲斥責，心平氣和、有耐性地等待吧。**肯定對方的努力，親切溫柔地持續下指導棋；最重要的是以「有效率」、「不浪費時間」這種男人容易接受的方式，與丈夫進行溝通。**

溝通魔法關鍵句

訂定新規則時

如果○○的話，是不是效率會更好？

盡量有條理地説明原因，努力讓對方了解妳的想法。當然妳也可以耍老闆威風、直接命令對方：「叫你做你就做！」只是這樣可能會得不償失。

我會認真努力的！

就長遠來看，避免忤逆上司說的話才是聰明的選擇。多少表現出幹勁與順從上司的態度吧。

scene

27

言歸於好

男人不道歉 女人不健忘

男人是一種非常愛面子的動物，因此吵架的時候也會認為：「道歉的話我就輸了。」雖然很無聊，但他們就是無法開口說抱歉。

女人倒是「不怎麼在乎」面子問題，知道自己有錯時（也許是這樣做才有台階可下），就會馬上道歉。不過要是錯在對方，即便對方道歉了，女人還是無法輕易釋懷。這一方面也是因為女人的記性太好，不一會兒工夫所有事情就又會浮現腦海，歷歷在目。

不論感情多好的夫妻，在一起久了偶爾也會意見不合。這時候該怎麼做，雙方才能順利地重修舊好呢？

向女人不斷解釋，只會招致反效果，先針對讓對方不開心的事好好賠罪吧

吵架之後互相道歉，原本是待人處事的基本道理；道歉之後，任何不愉快就當場一筆勾消。謹守這個大原則，即便兩人稍有意見不合，還是可以融洽相處。

我希望男人能夠低頭接受「吵架之後一定要道歉」的規則。不要怕面子掛不住，心中只要想著：「吵架↓道歉↓和好」這個能讓彼此言歸於好的例行流程，為了回歸平靜安穩的生活，還是選擇道歉吧。

也許你會把妻子當成「不管我做錯什麼都會原諒的媽媽」，而想要賴一下，但要知道對方畢竟是上司，所以還是老實一點吧。如果錯在自己，即便覺得丟臉，還是得向上司賠罪，不是嗎？為了取得上司原諒，必須誠心誠意地道歉；面對妻子時，也請抱持相同的心情來處理。

道歉的時候記得要打心理戰，也就是動之以情。

例如，紀念日無法提早回家時，「妳特地為我們的紀念日做了這麼多準備，我卻讓妳失望了，真的很對不起。」這才是正確答案。但一般男人多半會說：「正

要回家的時候，突然又被部長交代了一堆工作，下次我會記得先跟妳說。」用這樣的理由拚命解釋，其實只會招致反效果。就算理由再怎麼無奈，妻子因而悲傷難過，依舊是無法改變的事實，再多的解釋也還是難以讓女人釋懷。

所以，**重點是先針對讓妻子不開心的問題賠罪，再解釋自己出錯的原因。**

「對不起」就只能以「對不起」來回應，

因為夫妻是屬於對等的同伴關係

女性則要學著「釋懷」，而且兩人發生爭吵時，千萬不要拿出與當下吵架原因無關的往事來生氣。

女人的記性奇佳，連老公幾年前做錯的事依然能記得清清楚楚。一旦想起往事，當時的不愉快就重新浮上心頭，甚至還會因而嚎啕大哭。所以，吵架時若是盡說著：「你以前也說過一樣的話……」「三年前的紀念日你也遲到了十分鐘！」一直這樣翻舊帳，反而會讓早忘得一乾二淨的男人丈二金剛摸不著頭腦。

老是為了相同的事情生氣，實在挺可憐的，更何況大多數時候男人都不記得

我臨時被主管叫去處理急件，才會來晚了……
是真的嘛，妳幹嘛又翻舊帳！
你去年也這樣說 !!
而且一樣遲到那麼久 !!
你沒救了 !!
真的對不起，妳那麼貼心，我還讓妳等這麼久。
都是我不好！
人家花了三小時打扮，又訂了很棒的餐廳……
你知道就好。

了，只會覺得妳是莫名其妙亂發脾氣。於是女人便對男人失望透頂：「你這樣傷害我，卻完全不記得……」如此惡性循環，言歸於好的日子就更遙遙無期了。

對過往無法忘懷的確情有可原，可是在吵架時，女人最好能把焦點集中在當下的問題。**先生如果已經放下身段，低頭謝罪說了「對不起」，即便錯不在自己，女人也請立即回應：「我也有不好的地方，對不起。」**

聽到對方說「對不起」時，有些人會回應：「好吧，我就原諒你。」但在我看來這同樣違反了規則。「對不起」就只能以「對不起」來回應，因為夫妻之間是屬於對等的同伴關係呀。

男人為了修復關係而道歉，女人為了修復關係要在當下立刻釋懷，這就是夫妻相處的原則。這麼說來，好像錯的都是男人？反正大多數時候也的確是如此嘛（笑）。**越早道歉，重修舊好就會越順利。**男人的頭銜再怎麼了不起，一旦遇到「太太正在生我的氣」，表情還是難掩愁苦。為了避免因執著小事而長時間處於不愉快的氣氛，夫妻倆最好還是以儀式性地互道「對不起」來結束爭吵吧。

溝通魔法關鍵句

想和對方言歸於好時

我也要向你道歉。

把對方逼到死角，對彼此並沒有好處。即便有點勉強，「我說得有點過分了。」「我要是早點跟你說就好了。」就像這樣先承認自己的錯誤吧。

對不起（讓妳不開心了）。

隨口不停地說「抱歉」、「對不起」，反而會讓對方更想追問：「你說，究竟是為了什麼事道歉？」針對讓另一半情緒不好的部分來道歉，效果會更好。

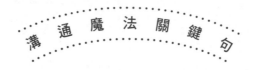

商業界是一個殘酷的「成王敗寇」世界，以上下關係為基礎，身為下屬就要承接命令，身為上司則要負責運籌帷幄。

女性如同男性般工作的歷史尚淺，因此在職場上大多是依循男性建立的規則來行事。例如，縱向關係比橫向關係來得重要，重視結果而非過程。於是，就理論上來說，擅長縱向關係、積極想出人頭地的男人，會比擅長橫向關係、善於與大家成為好朋友的女性，更加適應當今的商業生態。

因此，想要順利地在職場上求取生存、有所表現，女人要試著因應男性的溝通模式；另一方面，男人學習女性的溝通模式，則能增進彼此的了解，也能讓職場氣氛更為柔和。別再說「男人不需要改變」了，最理想的狀態，就是在男女的溝通世界中「各取所長」。

為了讓商業活動更圓滿地進行，並且維持更理想的職場人際關係，我們該選擇什麼樣的溝通方式呢？請各位一起仔細地想想吧。

PART 4 工作相處學

各取溝通所長，讓職場活動更順暢

scene

28

工作的原動力 ①

男人想要發光發熱　女人想要閃閃動人

在〈溝通基本功〉這一篇曾略微提過，男人與女人對於工作的價值觀，各自具體而微地呈現在「棒球」和「扮家家酒」這兩種活動上。**男人從小就經常組隊打棒球，非常習慣於縱向社會與排名，大家都為了獲得勝利而一起努力。**這種結構與在公司上班的型態十分類似，因此也可以說，男人會比女人更快適應商業行為運作的世界。

一路玩「扮家家酒」長大的女人，總不能因此束手就擒。**女人最重要的價值就在於，透過扮家家酒這種在虛擬世界與眾人合作的遊戲，養成了良好的「協調性」或「同理心」。**雖然這是一種維持穩定人際關係的必要能力，但在有時候得踩著別人往上爬的商業世界，卻可能成了絆腳石，因而無法在職場上盡顯身手的女性，也大有人在。

頭銜、年收入、大企業……男人渴望如打電玩般，一路不停過關斬將

男女一開始就有著如此巨大的差異，在工作上追求的目標於是也各自朝不同的方向前進。

簡而言之，工作就是男人的全部。不論是戀愛、結婚，最後成為主角的都是女人，男人只有在工作上才是主角。

比起戀愛、結婚、工作、育兒……女人的生活舞台繽紛多變，但在男人的一生中，工作可以說占據了絕大部分。若拿電玩來比喻，光是「工作」這個單一關卡，在男人的生命中就從二十幾歲起持續存在了四十年之久。一旦結婚生子，男人與「辭職」這個選項就更是無緣了，為了養家活口，工作絕對不能搞砸。男人會在這個漫長的遊戲上孤注一擲，也是理所當然。

對於工作抱持著這般心情的男人，於是著魔似地不斷想要「闖出一片天」。

日本超人氣連續劇《半澤直樹》中「發光發熱」的世界，就是最好的證明。絞盡腦汁地耍心機、布下天羅地網，若是有人膽敢踩在自己的頭上，絕對要「加倍奉還！」拚死拚活不斷累積成果的獎賞，便是一路官運亨通、年收高人一等，抑或是跳槽到招牌更響亮的大企業任職。

雖然每個人對於「出人頭地」都有一套自己的哲學，但追根究柢，**男人就是想要獲得眾人的「掌聲」，希望成為大家稱羨的對象，擁有無上的權力，獨占鰲頭**。由此看來，男人就跟在受到母親誇獎才會認真讀書的孩提時代一樣，基本上是沒什麼改變的。

女人想在能發揮自我價值的職場，與大家開心合作，對出人頭地興趣缺缺

大部分職業女性追求的是「值得自己付出」的工作。

也許是工作本身很有趣、或是這項工作能讓某些人獲得幫助，抑或是只有自

己可以做好的工作。有些人特別重視良好的人際關係或一團和氣的職場氛圍；也有些人是未雨綢繆，把重點放在育嬰假制度或公司的福利等。

總而言之，女人在乎的是能讓自己「閃閃動人」的工作或職場。

女人打從內心深處希望，能在職場與大家開開心心地一起「扮家家酒」，對於「出人頭地」完全沒興趣。周遭即便有人工作成績斐然，在女性的圈子裡卻不會被認為有什麼了不起，反而是身為女性的大失敗，因此也有人會刻意低調，避免把事業做得太大。

不過，女人若是說：「我想照著自己的步調來做事。」「如果是需要負責任的工作就……」那些拚命工作的男人們聽了一定會勃然大怒，心想：「我絕不要和這種完全不想努力的女人一起工作！」

把工作想成是跟棒球一樣的團體活動，應該就能理解男人們的心情了。奮力往前衝得汗流浹背時，卻看到隊友擺出一臉冷漠地說：「我對贏球沒有興趣哦。」任誰都會火冒三丈吧。

給我！
這案子能讓我升上
課長的位子 !!
放手！
這案子只有我能勝任 !!
案子

「假裝」配合男人的求勝氣勢，肯定女人對這份工作的存在意義

在職場上，為了提振男人的工作士氣，女人就應該表現出正面積極的「進攻」態度——「這件工作我一定會做好！」「假裝」展現出這樣的氣勢——「我一定會努力贏得最後勝利！」

而男人們想要提振女性下屬的工作士氣、激勵女性的衝勁時，光是講「做得好一定能升官！」並沒有用，對升官不感興趣的女人，聽了只是完全無動於衷。還不如告訴她：「這件事就只有妳才辦得到。」以此肯定她的能力，或是說：「多虧有妳幫了大忙。」高調地闡明她的存在意義，反而更有效果。

女性們聽完絕對會感動地心想：「老闆確實有看見我的努力！」從這個角度來看，女人對待工作的姿態，似乎要比男人來得單純啊。

與此背道而馳的是，近來重視工作成果更勝於出人頭地的「閃閃動人男」似乎也越來越多。現今社會中，夫妻都在工作的雙薪家庭已經非常普遍，先生的收入即便高過妻子，也不會如同父親那一輩，有著自己是「家中經濟支柱」的體認。

「為了養活一家大小，吃再多苦我也得忍耐」，這種必死的決心已日漸薄弱，於是心態趨向女性化的男人也就越來越多了。

退休後因為不必再繼續工作，很多男人會瞬間老化，覺得「自己已經沒有用處了」；至於平常就與工作保持一定距離的女人，因為在餘暇時也同時保有自己的興趣與人際關係，離開職場後就不會這般沮喪，而能順利展開人生的第二春。

由此看來，男女確實有必要相互學習各自的優點，在職場上同舟共濟。

溝通魔法關鍵句

想要鼓舞對方的士氣時

勝利一定是屬於你的！

給對方製造一點「自己也有機會發光發熱」的想像空間。
其他像是：「有需要我的地方盡管說，我什麼事都願意做！」「這次怎麼能輸呢！」效果也不錯。

這件工作只有妳才可能順利完成。

給對方製造一點「自己也有機會閃閃動人」的想像空間。
其他像是：「因為這件工作非常重要。」「希望能夠借重妳的長才。」效果也不錯。

scene

29

工作的原動力 ②

男人因擁有權力而喜
女人因擁有安定而喜

雙眼炯炯有神、想著「我要出頭天」的男人，以及力求自己閃閃動人、希望「做點有價值的工作」的女人，雙方在付出努力後所期待的結果，依然有著極大差異。

因為，「男人要的是權力，女人要的是安定。」

對工作全力以赴的男人，給他們最好的獎勵就是「升官」。從主任、股長、課長、部長……一步一步往上爬，希望自己在公司的影響力越來越強，只要接下了大案子，就暗自開心得要飛上天。

為了更清楚自己掌握了多少「權力」，男人們特別在乎「頭銜」。與其被老闆稱讚「你是我們部門的王牌」，獲得暫時性的「專案領導人」頭銜，更能讓男人走路有風。

關於這一點，女人就務實多了。徒具形式的頭銜引不起女人的興趣，如果為了頭銜得加重肩上的責任，「還不如繼續當個小職員把領導人的工作做好，反而輕鬆多了。」

新創公司老闆還是大企業課長？
喜愛掌權、發揮影響力是男人的天性

男人熱愛頭銜的習慣並不是現在才有的現象。看看舊時代的軍人照片吧，每個軍人的軍服上都別滿了徽章，大喇喇地向眾人誇耀著。光看勳章就知道「這個人有多了不起」、「擁有多大的權力」，對男人來說，這種制度真令人欣喜呀。

如果軍隊是由女人組建，勳章制度也許就不會存在了。對女人來說，勳章這種「沒有實際用處」的東西，可以說幾乎沒有存在的價值。她們要的是「具有實際價值」、而且能夠使用的「物品」。

男人夢寐以求的「頭銜」，大致可以分成兩類——

第一類是**做個一城之主。規模雖小，但畢竟是自己擁有的公司，「社長」這個響叮噹的頭銜便足以讓自己熠熠生輝。**那些新創公司的老闆就是最具代表性的例子。即便公司規模日漸茁壯，內部不論大小角落，依舊按照自己的意思持續運作，會讓男人有種隨時「權力在握」的感覺。只是，太過於極權的管理，有時反而會落入獨裁經營的險境。

第二類是**擁有知名「大企業」的品牌光環。**根據那些求職中男大生的說法，大部分的人都認為公司品牌要比企業經營內容更具吸引力。這些人實際進入大企業工作後，都希望能一路從課長高升到部長，因為唯有如此，才能掌握更大、更多的權力。

女人希望在穩定的企業中務實過人生滿意的薪水、優厚的福利……

女學生也跟男學生一樣，把目標鎖定在大型或名牌企業，但她們想要的並不是頭銜。令人滿意的薪水、優渥的員工福利、提供將來可能有需要的產假及育嬰假……取得這些待遇才是她們的目的。

女人想要在大企業中獲得的是「安定」。由此可見，女人挑選公司時的心態要比男人更為務實。

以「攸關自己的未來生活」這個角度來看，結婚與求職的心態其實十分相似。大多數女性挑選結婚對象（並非戀愛對象）時，優先考量的或許是沒有多顯赫的成就，但「在穩定大企業上班的普通員工」，而非表面看來風光，但「大起大落、風險極高的新創公司老闆」。找工作的時候，也是以相同的基準來考量。

一旦開始上班，女人會極盡所能確保自己在公司裡有個穩固的位置，努力與上司、同事保持良好的溝通與人際關係，竭盡心力讓職場成為舒適自在的場所。因此，一旦有同事說「真希望妳永遠不要離職」，而體會到自己存在的必要性，女性內心的喜悅可真是難以言喻。女人只要公司裡有自己的容身之地就覺得滿足，完全不會像男人一樣，想著「就算被所有人討厭，也要出人頭地」。

給男人頭銜，讓他確認自己的權力，給女人實感，加薪與讚美同時並進

知道男人與女人的差異後，要讓部下自動自發就相對容易多了。**即便是暫時性的也好，不妨給男性下屬一個頭銜，像是「〇〇長」、「〇〇組長」。**想讓對方做起事來更有勁，叫喚對方「五百田主任！」也行。能夠再度確認自己握有權力，男人內心裡可是笑得合不攏嘴呢。

女人要的則是實際而非虛幻。一旦做出了成果，加薪、給休便是最大的鼓勵。若能更進一步表達謝意：「因為有妳，工作才能順利完成，太感謝妳了。」對方一定會想著：「下次還要更努力。」

比較棘手的是「想要安定感的男人」或「想要出人頭地的女人」，由於無法透過性別來判斷，很容易弄錯應對的方法。這時就只能努力找出對方內心真正的想望，看狀況採取因應措施了。

溝通魔法關鍵句

想要提升工作的動機時

請你當我們的領導人吧。

即便不是多明確的頭銜也無所謂，一旦被賦予了權力或頭銜，男人眼中的光芒馬上變得不一樣。其他像是「這件工作就拜託你了」、「希望由你帶領整個團隊動起來」，也可以試試。

希望妳永遠都跟我們同一組。

直接表達對方是自己非常需要的人才。其他像是「不可或缺的戰鬥力」、「不希望妳被其他部門挖角」、「這件工作結案後，好好放個假吧」，這樣說的效果也很好。

scene

30

讚美的方式 ①

男人重視結果 女人重視過程

「男人要的是結果，女人要的是過程。」從這句話就能明顯看出男女工作時把重點放在何處。在本篇中已經出現過好幾次的「棒球」與「扮家家酒」，這一次將成為主角了。

獎勵男人要以具體的成果來稱讚，讚美女人要對過程表示心有戚戚焉

從小打棒球長大的男人，對於「1比2飲恨」、「13比2大獲全勝」這一類的勝負或得分特別敏感。因此**稱讚男人時，不妨利用具體的數字來突顯勝負結**

果，像是：「竟然能達成比預定額度超出三〇%的業績，採取〇〇手法進攻的你，絕對是第一名啊。」男人比女人更在乎數字，「〇%」、「〇成」之類的數字完全能吸引他們的注意力。

至於扮家家酒長大的女人，最在乎的是大家能一同於幻想世界樂在其中，氣氛融洽、沒有規則也沒有終點的「扮家家酒」遊戲最好就這樣持續一輩子。

扮家家酒沒有所謂的誰贏誰輸，因此女人一點也不在乎結果為何。倒是「大家團結一致、想想該怎麼做好簡報」、「所有人一起熬夜辦活動」這些屬於過程的部分，對她們來說才更重要。

當然啦，簡報結果大獲全勝、或是活動順利完成也很令人高興，但她們也不至於會像男人高喊：「成功啦！我們贏啦！」而欣喜若狂。相對地，「當時大家都好認真、好努力喔！」「雖然累得半死，但感覺非常充實。」這樣的整體氣氛或心情，才是女人最在乎的事。

因此，**稱讚女人時，記得要對整個過程表現共鳴感，像是說：「妳們實在太認真了，熬了一整夜一定很辛苦吧？」使用能附和她們情緒的語言，就絕對錯不了。**

女人的大腦能同時留存記憶與情緒，男人只能靠數字和事實確認自己的努力

女人之所以特別重視過程，是出於腦部構造的關係。

大腦中負責儲存記憶的部分稱為「海馬體」。在女性的大腦中，包含海馬體在內的大腦邊緣系統比男性發達，因此女人的記憶力也遠比男人好。

另一方面，大腦中負責情感運作的部分稱為「杏仁體」，就杏仁體與海馬體的彼此連動性來說，女性要比男性來得順暢，因此一旦遇到刺激情緒的事件，記憶與情緒會同時被大腦一起留存下來。由於當時的情緒得以一五一十地被喚起，女人才會顯得如此重視過程。

男人即便再努力，也無法像女人一般，連同準備期間的過程都牢牢記住，當時的那股充實感自然也記不得了，唯一能依靠的就只有因此留下的數據或資料。於是，比起模糊不可信賴的記憶，能夠反覆確認的結果、數字，當然更讓男人覺得重要了。

溝通魔法關鍵句

要表揚部屬時

我們部門第一次簽下〇千萬元的合約呢。

記得要「數字與事實」雙管齊下，這招絕對要反覆練習。例如可以說：「竟然才花〇個月（＝數字）就完成了（＝事實），老闆絕對會重重有賞吧！」

即便一路走來千辛萬苦，但我覺得非常開心。

記得要「過程與共鳴」雙管齊下，這招絕對要反覆練習。例如可以說：「那時對方很生氣，當下我真不知道事情會變成什麼樣（＝過程），幸好都順利度過了（＝共鳴）。」

scene

31

讚美的方式 ②

男人要的是褒獎 女人要的是了解

即便是大人，也希望自己付出努力後能夠獲得旁人的「稱讚」。

話雖如此，但也不是胡亂誇獎一通就行了。男人與女人希望被誇獎的「點」南轅北轍，必須學會確實打動對方的讚美方法，才能搔著癢處。懂得靈活善用讚美的方法，往後的人際關係也會變得更加圓融。

不論男女都有效！

——讚美他人的四大基本原則

首先要請大家學會的，是我所主張的「讚美四大基本原則」。

1 把焦點集中在可以明顯看出變化的部分

「剪了新髮型？」「換了新彩妝？」「最近很早就來上班喔？」類似這樣，明確地指出對方有所改變的部分。

大多數的女性都很擅長此道。聽聽那些許久不見的女性彼此交談，會發現她們總是相互品頭論足，紛紛指出對方有哪裡變得不一樣了，並大大地誇讚一番，例如：「這個包包是新買的吧？」「妳變瘦囉？」等等。

這就是女人之所以觀察力絕佳、擅長打圓場的小秘訣——隨時隨地仔細留意對方、敏銳地嗅出對方的任何改變。男人千萬別輕蔑地認為「女人就只會做表面工夫」，還是多學著點，養成細心觀察身邊人們的習慣吧。

2 讚美當事人本身最在意的點

這一招是**針對當事人最在意或希望受到別人讚賞的部分單刀直入**。例如：「這個新髮型很適合妳耶。」「你的簡報開場白實在太棒了。」……

這個方法必須十分貼切對方的心情，使用時需要多一點的技巧。多了解對方的喜好或重視的事物，猜中的機率相對就會提高許多。

3只讚美自己真心覺得很棒的部分

這種讚美是**將自己感同身受的部分直接表達出來**。例如：「我也好想要這個包包呀！」「妳的皮膚變得好好喔！」「這份企劃書真有說服力呀！」等等。

因為是發自內心的真實感想，只要把覺得「好棒喔」的部分直接說出來，不需要講些額外的客套話，讚美時內心也輕鬆多了。平常不妨養成「對遇見的每個人，都要找出三點來加以讚美」的習慣，讓自己更懂得如何稱許他人。

4一有想法就當場讚美

最後一項其實也算是基本規則：一有想法或發現就當場立刻讚美，也就是**可以隨時隨地誇獎一下**。要是一直擔心「這樣做好像太刻意」、「感覺好客套」、「萬一人家覺得是騷擾該怎麼辦」等等，反而容易錯失讚美別人的好機會。

讚美別人時，完全不必擔心會「誇獎過頭」。這就跟練習英文會話一樣，越常使用、發音就會越來越標準。不必客氣，極盡所能地讚美別人吧！

男人和女人愛聽的讚美不盡相同，將技巧分門別類，效果更出色！

熟悉四大基本原則之後，就可以進入以下的應用篇了。

● 讚美男人的方法（下屬、晚輩）

男人最在意結果了，所以就針對「做了什麼行為導致什麼結果」來表揚吧。例如：「那個簡報太有說服力了，才能順利簽到合約。」「企劃書寫得很好，三年來你成長不少哦。」不過，這些例子只適用於「上對下」，也就是上司稱讚下屬的情境。男人因為臉皮薄，誇獎別人時常會不自覺地採用這種方式，但要注意最好別使用在下屬以外的人身上。

● 讚美男人的方法（上司、前輩、同輩）

讚美上司或前輩時，**強調自己覺得「很厲害！」的地方，比光講事實更得人心。**「太厲害了！這次能大獲全勝，絕對是因為前輩。」「您的企劃書真不是蓋的！」先表明內心的感動之處，聽起來就不會有「上對下」的感覺了。

前輩這次的企劃案，實在太精彩了！
可以告訴我怎麼辦到的嗎？
哈哈，沒有啦！
我也沒特別準備，就只是發揮平常的實力囉。

●讚美女人的方法（下屬、晚輩）

女人在乎的是過程而不是結果，因此，**「我很清楚妳有多認真。」這種對她的努力深表認同的讚揚方法，是最適合不過的。**「連假日都來公司上班，真的很拚哦。」「雖然英文不是很流利，卻還能做出這樣的成績，太厲害了。」這一類的誇獎方式，也等於同時向對方釋放出「我一直都有注意到妳」的訊息。

●讚美女人的方法（上司、前輩、同輩）

和褒獎男人時一樣，對方如果是同輩或前輩，**一定要先表達出自己內心的感動**，例如：「犧牲個人的休假來準備，真是令人敬佩呀！」「全程都必須以英文溝通，一定很累吧？真是辛苦您了！」等等。

要成為讚美高手，最重要的便是細心觀察。「太厲害了！」、「真令人尊敬」、「不愧是您」……就從這種簡短有力的用詞開始練習，隨時隨地都能讚美別人。

溝通魔法關鍵句

想對上司歌功頌德時

唉呀，〇千萬元，部長當時一句話就搞定了。

基本原則同樣是「數字與事實」。要小心避免以高高在上的姿態說話，而是表現出這樣的態度——「你的手腕實在令人佩服。」

努力總算有所回報了！

基本原則同樣是「過程與共鳴」。要小心避免以高高在上的姿態說話，而是表現出這樣的態度——「妳的努力我們都有看到哦。」

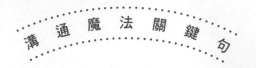

scene

32

讚美的方式 ③

男人想獲得全世界的認同
女人想獲得交際圈的認同

不論男人還是女人，都希望「獲得別人的認可」。至於是被哪一種人認可，倒是男女大不同。這種差異也會表現在工作的處理態度上。

認識也好、不認識也罷，男人就是想得到全世界的尊敬

當男人主張「希望自己能被認同」時，包含的對象範圍其實非常大，因為**男人想要獲取認同的對象是「全世界」。所謂的「被認同」，說得明白一點就是：「受到敬重」、「擁有影響力」、「大家都說『讚』」。**

男人的浪漫是「自己的工作能在地圖上留下軌跡」、「希望自己得以名垂青史」，即便是素未謀面，男人也希望受到對方的敬重。對女人來說，這種渴望簡直就是「癡人說夢」，男人卻對此堅信不移。因此，男人非常熱中於發展事業，一旦順利坐大，就會繼續追求更深重的責任並樂此不疲。

此外，**男人也想要受到上司、長官等比自己位階更高者的好評，強烈希望自己能獲得提拔。**這想必也是基於男性特有的「縱向社會」所衍生的願望吧。在棒球隊中，唯有受到教練或隊長認可的球員，才有可能站上打擊區，這也是為什麼男人非常在乎上位者對自己的評價。

比起被不認識的人誇獎，女人更在意自己和熟人的相互比評

女人希望獲得認同的對象範圍相對小了許多，大概就只有朋友、左鄰右舍，說到公司的話大概就是同一樓層的人吧。**相較於男人的「全世界」，女人只想獲得自己「交際圈」的認同，就這麼簡單。講得明白一點就是：「想被大家羨慕」、**

「希望受到大家的崇拜」、「希望大家都跟自己說『好好喔』」。

有一本書叫做《相互比評的女人們》（白河桃子著），就如書名所示，女人的世界充滿了各種比較。「跟那個孩子『相比』，我家的孩子『更』可愛」、「與友人『相比』，我『更』幸福」，**在小小的世界裡與熟人們相互角力，一方在上、另一方就在下，生活中處處都是嚴苛的排名順位。**

因此，女人對陌生人的成功與否完全沒興趣，對虛幻飄渺的偉大事業更是毫無欲望。被不認識的人誇獎「好棒」，還不如被熟稔的鄰座女性讚美「好棒」，來得更令人高興。能夠得到後輩的「崇拜」，就更令人開心了。

為了保有良好的工作氣氛，千萬別吝嗇說些認同對方能力的話。

面對很在乎上位者評價的男人，除了以「好厲害！」表達敬意之外，不妨再加上一句：「〇〇長官也很推崇您呢。」至於女性，則不妨以「好羨慕您優秀的工作能力喔」、「真希望自己也像您這麼有才能」……來傳達自己的崇拜之情。

不論是男性或女性，知道自己得到他人的認同，工作效率也會更加提升。

溝通魔法關鍵句

要附和同事的意氣風發時

連〇〇也說太厲害了！

雖然「太厲害了」這幾個字已經綽綽有餘，若要加重語氣，可以再加上其他人的名字（有權威的上司或可愛的女同事），傳達出「不只是我，就連那個人也說讚」的訊息。

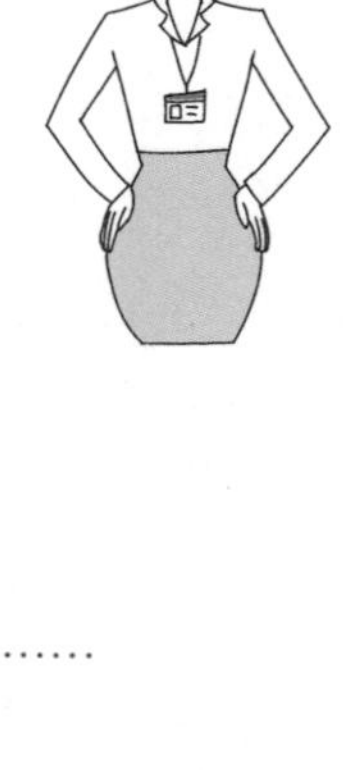

真好！太羨慕了！

對於希望別人投以羨慕眼神的女人，就盡量多說些羨慕的話吧。但要避免使用「很好啊」、「還不錯嘛」這類上對下的語氣。

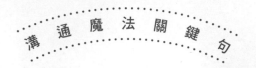

scene

33

會議 ①

男人愛開會
女人愛聊天

討論構思、聯絡事情或報告進度、決定結果……工作上有不少事項都要透過開會或見面商討來解決。

不過，男女一同參加會議時，常會出現對彼此不滿的情況，這是因為男女的發言模式互有差異。

男人受不了女人講話時脫序演出，
女人對遲遲不下決定的男人猛翻白眼

開會時，男人對女人的發言經常會有隨時想要發火的反應。「我也想過萬一〇〇該怎麼辦呢？可是……而且……這樣的話……」對於女人拉拉雜雜講了一大串、卻遲遲沒有結論的說話方式，男人實在很想大喊：「這算哪門子報告啊，根本就是來聊天的！」

開會的目的本來就是為了發言，定好終點後，大家朝著目標方向彼此討論（這種規則的確有點偏向男性化）。**女性的腦部因為經常要處理龐大的資訊及情緒，即使明知道正在開會，腦海中仍會忍不住冒出各種「情緒」或「其他想法」，說出來的話於是變得雜亂無章，就會讓人覺得像在「聊天」了。**

對女人來說，要朝著「結論」這個終點一直線前進，實在有點困難呀。只不過這種情況看在男人眼裡，就成了「沒效率」、「脫序演出」，忍不住要火冒三丈。

反過來說，對於男人在會議中總不肯坦率地發表意見，老是無法當場就給出最後的決定，也讓女人超想翻白眼。對女人而言，「開會不就是讓大家彼此交換意見嗎？」「為何總是遲遲不肯做最後的決定？」

男人之所以欲言又止，其實是為了事業前途著想，以避免「說出不妥當的意見」。他們擔心萬一失言會顯得自己很蠢，也害怕發表了不中用的意見而被大家輕視，因此即便有想法，也會先觀察一下四周，再考慮是否要發言。

健談合群的女人，要比擔心說錯話的男人，更擅長腦力激盪、激發創意

基於相同的理由，男人也很不擅長「腦力激盪」（brainstorming）。所謂的腦力激盪，是指捨棄傳統的思考模式及先入為主的觀念，透過自由交談碰撞出新火花或解決方法，進行的基本規則為：「丟出來的任何意見都不會受到批判。」因此即便什麼都不說，本來也就無所謂。

只是，男人總是虎視眈眈注意著周遭的對手，戒慎恐懼著「絕不能輸」，才會寧願三緘其口，除非是正確答案絕不表態，更不想要擴大話題、自找麻煩。

關於腦力激盪，健談、希望與夥伴和平共處的女性就很擅長了。她們能丟出一些男人絕對想不到、令人驚訝的想法，還可以互相回應：「這主意不錯耶！」

「太有趣了！」這樣尊重彼此的意見，甚至碰撞出更多有趣的創意。所以，進行腦力激盪卻遲遲未見成果時，不妨試著增加女性的參加人數吧。

至於男人們喜歡延遲下決定的理由，也與事業前途有關。「這個意見要是講出來，不知道上司會怎麼想？」「要等到什麼時機再說，事情才會按照自己所想的順利進行呢？」有著種種顧慮，於是讓男人難以做出最後的結論。

男人一方面抱怨女人「講話沒條理」，卻又無視工作效率大玩拖延把戲，會議就這樣遲遲無法結束。

互相配合對方的發言習慣與規則，截長補短讓開會更有效率

想讓會議進行得更有效率，**男人在抱怨女人之前，應該先檢討一下自己的發言習慣。該說些什麼就簡單扼要地說，該做決定的事就趕緊了斷。**老實說，不少男人應該也會發現，自己同樣無法條理分明地把事情講得一清二楚吧。

另一方面，仔細聆聽女人看似沒什麼效率的「聊天內容」，是相當重要的一件事。**只要願意傾聽，可以發現女人其實在過程中提供了許多有趣的想法。**

女人則要改變一下自己的發言方式，關於情緒與細節的部分可以稍微收斂，只要陳述事實、有系統地傳達訊息。光是省略「自己有何感觸」的部分，就能讓發言聽起來更為專業、洗練。

如果真的難以條理清晰地發言，不妨多利用男人在開會時常說的「我有個提議」、「總而言之」、「我先從結論講起」等詞彙，就可以讓發言更加簡潔有力。即便還是偏向「聊天式」的內容，這樣的措詞會讓自己的發言乍聽之下似乎井然有序，男人的抱怨相對也會減少許多。

「總而言之」，男人並非真的堅持發言內容絕對要有條不紊，只是想嚴格要求女人也能遵守男人訂下的規則。努力表現出自己願意遵守規則，問題就解決了。

整合能力較弱的女性，善用 E-mail 也是不錯的方法。只要向大家表示：「詳細情況我會再發 E-mail 提出報告。」平常發言總是摻雜許多個人情緒的女性，不妨藉此逐條列舉說明，就會簡單許多。

如果妳的 E-mail 太冗長，絕對是因為其中摻雜了部分不必要的內容。按下送信按鍵之前，記得要整個再看過一次。

不要只想著別人應該遵循自己的習慣，努力配合對方的規則，工作才能順利進行。女性要多了解男人的說話模式，男性要多站在女人的發言角度著想。大家一起努力，將冗長的會議變得簡短又有效率吧。

溝通魔法關鍵句

會議時的開場白

我有很多想法，但最主要的還是……

即便是開場白也要盡量簡潔，但不是所有內容都精簡也無妨。類似「重點一共有三個」的說法，也是可行的。

我有一點不同的想法……

開場白要盡量柔和，帶點解釋的意味也無妨。「我不是有意見，只是想補充一下……」像這樣接在女性的發言之後提出，效果也不錯。

scene

34

會議②

男人懂得看尊卑 女人懂得看氣氛

男人最怕表錯態影響事業前途，女人最怕破壞氣氛讓大家不開心

在會議進行中，有時會陷入完全沒有人要表達意見、氣氛變得很「凝重」的窘況。大家都在暗想著：「真是傷腦筋呀。」衷心盼望有人能打破僵局，改變一下場內的尷尬氣氛。

開會時男人與女人會沉默不語，理由幾乎都是千篇一律。男人一言不發是因為「尊卑有序」，女人緘默無語則是因為「氣氛使然」。

男人之所以在乎「尊卑」，主要是基於男性「縱向社會」的上下階級關係。**為了自己的事業前途著想，男人會仔細觀察誰才是會議中的領導人物，然後盡量附和這股強勢意見，讓自己站在有利的一邊。**

為此男人可以臉不紅、氣不喘地盡說些諂媚的話，發言時也得小心再小心，絕對要避免忤逆上司等「大人物」的意見。嘴上講著要「有效率」，卻寧願犧牲效率也要謹守尊卑原則，這就是男人的世界。

女人無法理解這種心態，但對男人來說，開會也屬於工作這種遊戲的一環，他們可以為了打勝仗而發言，自然也能為了避免吃敗仗而閉緊雙唇。

至於女人所在乎的「氣氛」，指的是當下的氛圍或與會者的情緒。

女人是在講求和平的「橫向社會」長大，開會時當然也希望能一團和氣地進行。比起發言的內容，因結果而衍生的情感才是重要的。

不像男人發言是為了求勝負，女人會不斷觀察所有人的情緒——「○○的發言惹課長生氣了」、「〇〇因為提案通過而開心得要命呢」。善於「察言觀色」是好事，但因為討厭對立或否決的氣氛，不斷「觀察揣測」對方的心意，有時反而會遲遲討論不出結果。

「和平氣氛至上」的女人，對負面情緒的感受尤其強烈，自己的意見通過與否倒是其次，避免當場破壞某人的情緒，才是她們最在乎的事。

太在乎輸贏的男人、太關注情緒的女人，都無法克服「棉花糖挑戰」

我們暫時先跳開「會議」話題，來談談另一種相當特別的團隊合作活動——「棉花糖挑戰」。這在公司的研習會中經常出現，或許已有人實際經歷過了。

簡單來說，這種遊戲的規則就是四個人一組，利用二十根義大利麵及一段九十公分長的膠帶與細繩，自行構築一座建築物，頂端則要放一塊棉花糖。在規定的時間內，哪一組把建築物蓋得最高就算獲勝。

而在所有的挑戰團隊中，成績最好的是由一群小孩所組成的團體。

成年男子一開始就把焦點集中在如何利用義大利麵組裝出一座高高的建築。聰明的男人們將二十根義大利麵物盡其用，甚至為此畫了詳細的設計圖，以便成功組裝出建築物。

然而，**這群男人在動手蓋房子的同時，卻又開始爭奪起主導權。他們彼此搶著當老大、也相當在意順序，大把時間就這樣浪費掉了。**

最後，當他們自信滿滿地擺上棉花糖時，沒想到棉花糖的重量卻超乎想像地重，華麗的義大利麵建築物於是應聲折斷、崩垮，規定的時限也所剩無幾。

結果，完全沒打草圖、重複蓋了好幾次建築物卻不斷失敗的孩子們，很快就發現棉花糖的重量超出預期，反而締造了最好的結果。

成年女性在棉花糖挑戰遊戲中的成績也不盡理想。**她們太在乎周遭的氣氛，所有人的意見都毫不反對地「照單全收」，於是遲遲無法定出大方向。**再加上「看起來好像決定了，但其實什麼都沒確定」，最後便陷入這樣的局面——「到底要照誰說的去做呀？」過程破綻百出。

善用彼此的溝通絕活，讓「和平氣氛」與「熱烈討論」同時並存

當會議陷入瓶頸時，男人與女人就應該使出各自的絕活，互相幫助！就拿女性來說吧，男人既然害怕「萬一提出沒用的意見，可能會被對手瞧不起」，女人其實可以特意先提出一些輕鬆有趣的想法。這倒不是要女人扮小丑，只是藉此能讓男人勇於卸下心防、發表己見。

男人面對男人時，「想說什麼就說什麼」的堅持常會把現場氣氛搞僵，而且誰也不願先讓步。這時不妨提出「先去喝杯茶吧」之類的建議，來軟化尷尬的局面，也能讓不知所措的女性得以放鬆心情，重新打開話匣子。

不論男女，處在大家都不說話的會議中，壓力其實都很大，這時不如相互合作，把現場氣氛炒熱吧。

溝通魔法關鍵句

想化解會議僵局時

我也想聽聽○○的意見！

當會議氣氛變得有點針鋒相對，不妨裝傻丟個蠢問題吧。「既然妳問了，我就回答吧！」妳會發現話題突然又重新活躍起來，主持人說不定還會去給妳一個感激的眼神呢。

我們稍微休息一下吧！

當會議陷入僵持不下的尷尬狀況，再怎麼呼籲大家「放輕鬆」也是徒勞無功。想要緩和場面，不妨就建議大家喝喝咖啡、休息一下吧。這樣一來，或許其他人就會表示：「剛才雖沒說出口，但其實我……」然後各別把話講清楚。

scene

35

工作的習慣

男人專心衝刺 女人臨機應變

男人一旦被交付任務，就會專心往前衝，女人應變能力強，很快就習慣新規則

不論發生什麼事，男人只會頑強以對，女人則是能夠隨時改變想法。

一旦做了決定，即便預見它終將失敗，卻仍不願改變初衷的男性上司，只能讓人苦笑地說：「真是毫不通融呀！」

而對於已經決定的事，還是能反覆改變好幾次的女性上司，則實在讓人想對她大喊：「真是受夠妳了！」

根據腦部的構造，男人十分擅長朝著目標直線前進。由於左、右腦的連結性不強，**男人習慣只使用一部分或是某個部分的腦；一旦被交付任務，他們就會全神貫注於這項工作**。商場上也是如此，大多數時候都不必在意細節或周遭的動靜，只要「專心一志往前衝」就對了。

只不過這也有個缺點：萬一規則或系統等「終點」有所改變，就只能搖擺不定、毫無應變之策。

相對地，左、右腦連結性良好的女性，腦部經常處於同時處理大量訊息的狀態。說難聽一點，就是經常會「分心」，反而不容易掌握問題的本質；說好聽一點，則是連細節都能照顧到。

雖然女人不像男人具有足夠的專注力，但她們的應變能力強，很快就能適應任何新規則。在商場上，不必設定目標、需要隨時「臨機應變」的項目，女人最是得心應手。

基於這樣的差異，男人與女人無法適應彼此對工作的處理方式，也就可想而知了。

幫助眼界狹隘的男人審視現狀，引導錯失目標的女人往前邁進

這裡倒不是要說男人或女人的工作模式哪一個比較優秀，但是**從最近商場上的變化速度來看，男人似乎有必要多學習女人臨機應變的能力**。未來，各種變化將會超乎我們想像地複雜，「先採取行動再說」、「邊做邊嘗試」、「發現錯誤立刻改進」之類見風轉舵的本事，相形之下就變得十分重要。「傻傻向前衝」的做法，在不久的將來就得面臨被淘汰的命運。

了解男人不懂變通的特性後，每當遇到規則改變，女人不妨伸出援手拉男人一把，仔細加以解說。一旦讓男人掌握新的環境，他們就能再度集中精神工作了。發覺共事的男人因為過於專心衝刺而變得眼界狹隘時，不妨提醒他：「我們來重新審視一下整個狀況吧。」或是利用男人比較聽得進去的說法，例如──「這麼做效率會不會更好？」來表達自己的意見，也很容易奏效。

另一方面，女人則太輕易受到各種因素影響，過於專注眼前的小細節而反倒

迷失了大方向。例如：目標明明是要「順利發表後取得專案」，卻因為太在乎發表資料的形式不斷修改重做、或是花好幾個小時挑選插圖，到了發表當天，拿出來的便是「前半段做得很棒、後半段卻草草了事」這種令人皺眉的成果。

學習如何朝著目標專心一志地前進、讓自己平衡一下，工作也會更有效率。

對於女同事老是為一點小事糾結，男人也不必怒斥「別再管那些小地方了」，**何妨放開胸襟讚美一下：「連這樣的細節都照顧到了，不錯不錯。」女人得到認同，就會積極地朝下一步邁進。**甚至也可以偶爾詢問：「現在進展到哪裡了？」幫忙控管一下時間。給出一個目標，例如「今天應該要完成這幾項」，女性就會明白該做到什麼程度。

此外，「先開始做再說吧」的建議也很有效。「先」這個字含有「等一下還能修改」的意思，因此即便有些小細節還不確定，女人還是可以「先」動起來。**給她一個不妨先起頭、做個大概再說的好理由，就能幫助女人在工作時加快腳步。**

與工作進度無法同步的人合作實在很辛苦，但不停地抱怨也無濟於事，還不如積極彌補彼此的弱點，努力打造出更好的團隊默契。

溝通魔法關鍵句

向陷入工作困境的人伸出援手時

我把狀況先整理了一下。

面對走入了死胡同而無法看清全局的對象，把相關資料整理清楚、讓對方有機會通曉整個狀況，對方一定會因為被「搔中癢處」而開心不已。

暫時先這樣做做看吧！

面對因想得太多反而無法踏出第一步的對象，不妨提議：「先動手做做看再說吧，之後再修改也行。」助她一臂之力向前推進。

scene

36

說話的偏好

男人喜歡概括化
女人喜歡具體化

男女的思考模式，各有自己的邏輯。男人能夠一眼看出脈絡或規則性，並將之「概括化」；女人則是擅長把個別的案例化整為零地「具體化」。這兩個恰好相反的極端特質，經常造成男女在對話時有如雞同鴨講。

女人交談的目的是延續話題，
男人交談的目的是一決勝負

男人與女人交談的目的各自不同。

女人交談的目的是為了持續「聊天」，開心地彼此交換訊息、相互理解或接

受刺激。為了延續這場交談「拉力賽」，女人連細節部分都極盡所能地具體化；為了打動聽者，還會特別強調「自己當時的心情」。

至於男性，交談對他們來說算是一種另類的「比賽」。當然在這過程中也會交換訊息，但我們可以發現，男人講話時經常都會使用「重點是」、「總之」、「一般來說」這幾個詞彙。**結論就是說出正確答案，然後取得勝利，比賽隨之結束。為了盡快獲勝、結束談話，男人會早早打出「必殺球」，一決勝負。**

所以，對女人喋喋不休、沒完沒了的聊天話題，男人當然會不耐煩地心想：「什麼時候才要結束啊……」而女人對男人早早丟出的必殺球會氣得埋怨：「別這樣好嗎！」也同樣是情有可原。

男人想透過概括化直取結果，女人想藉由具體化感受過程

男人下決定時最在意的是「結果」，卻又嫌這個過程太複雜而且麻煩。為了讓事情變得更加簡單、處理起來更有效率，男人會試圖找出其中的脈絡或規則，

說到這案子，我昨天
去餐廳吃飯的時候……
我覺得消費者
會很喜歡耶……
是講完沒啦……
對了，我們還可以
加上插畫和贈品……
z z z

看看有沒有「這和○○狀況相同！」的可能性。

男人最希望的就是找出任何事情皆能套用的共通規則，然後拿它來應付一切狀況。「女人就是這樣啦」，像這樣一概而論、或是喜歡引用偉人的名言等，也都是想藉此把事情概括化，就不必再花腦筋思考、也樂得輕鬆了。

附帶一提，所謂的「經營顧問」特別喜歡這種抓出脈絡規則的工作，還做得非常好（一方面也因為這是工作的一環）。這是一種相當男性化的工作，希望任何事物都能有條理且有效率地機械化運行。我有好幾個朋友都是從事這項職業，他們也的確經常使用「重點是」之類的說法，並習慣邏輯性地將事物概括化。

女性在做決定時，受到腦部結構的影響，特別重視瑣碎的「過程」。**比起將事物一律概括化，女人覺得臨場的反應更是重要，因此即便面臨突發事件，女人也有辦法隨機應變**。不過女性有個弱點，就是太在乎細節，反而容易因此迷失了大方向。男人就經常批評女人老是「見樹不見林」。

對於男人喜歡把事物概括化，女性倒是覺得滿愚蠢的，畢竟「不可能凡事都有辦法概括化呀」。女人擅長「看狀況」應對，也因此很難理解男人為何會有這樣的堅持。

相對於這一點，男人則認為「女人那一套不過是暫時因應的權宜之計」，雙方爭執不休，卻也得不出任何結論。

融入「聊天拉力賽」，打動女人的情緒，點出大方向，讓「結論至上」的男人安心

當男女相互否定時，只會陷入無意義的爭論循環，還不如好好學習運用思考邏輯、也能讓對方願意接受的說話方式吧。

首先，**男人可以試著融入女人的「聊天拉力賽」，將事情的細節具體化，想辦法打動對方的個人情緒**。例如，不要只單純地說出結論：「從下個月開始，業績目標被調高到一百萬，萬事拜託了！」應該要在此之前就開始鋪陳：「唉呀，真是傷腦筋。今天我正要去吃午餐時，被部長叫了進去，竟然說從下個月起業績要追加做到一百萬。我馬上就想到妳對○○很內行……」

就像這樣，**有點類似在說故事、以充滿臨場感的口吻來闡述**。雖然有點麻煩，但這種說法才能讓女人迅速理解你的要求是什麼。

女人則不要期望與男人的交談能成為「聊天拉力賽」，要想辦法以最短距離抵達結論，談話的內容則盡量「抽象化」而非「具體化」。光是使用男性化的詞彙，例如「重點是」、「一般來說」，就能達到不錯的效果。

最忌諱使用的詞彙就是「看狀況」或「隨機應變」，這會讓男人覺得：「這樣不就等於什麼都不必想了嗎？」可以試試這種說法：「（雖然可能有例外，）基本上會以〇〇方式來處理。」有某個大脈絡可循，男人就會感到安心。

在講求速度的商場上，學習男人的「概括化」，是女人能夠如魚得水的捷徑；但在需要大量創意的情況下，女人擅長的「具體化」倒是能幫上大忙。

最理想的結果是善用男女各自的溝通特性，視狀況轉換適合的說話方式。

溝通魔法關鍵句

隨興聊天時

那個〇〇成了最近的新聞話題……

以新聞、議題做為開場白，是男人聊天時最常見的模式。其他像是「今天早上有看新聞嗎？」也行得通。記得交談時隨時保持客觀的態度。

老實說，最近發生了這樣的事……

以事件做為開場白，是女人聊天時最常見的模式。「或許只有我才會這樣啦……」利用此類的說法，可以避免有人對號入座。

scene

37

競爭對手

男人不擅長與同年男子相處 女人不擅長與年下女子相處

之前曾提過好幾次，男人尊崇「縱向社會」的上下階級關係，女人則是在「橫向社會」與所有人和平共處。

話雖如此，倒也不是就此天下太平、相安無事，不論男人還是女人，依舊有著水火不容的天敵。

同梯的男性、年輕的上司……
跳脫「縱向社會」規則的對手，讓男人不知所措

最讓男人不知如何是好的，就是「同梯的男性」。

男人原本就很在乎排名，因此比自己年長的上司、比自己年輕的下屬，這樣的分類對男人來說既容易分辨、又能明白如何與對方相處。例如對上司要懂得讚揚吹捧、對下屬則要依個性或狀況，適時勉勵或褒獎。總之，只要依循早已習慣的「縱向社會遊戲規則」就沒問題，實在太簡單了。

不過，對於「同梯」之人就不是這麼回事了。

面對既不是前輩、也不是後輩的對象，該如何與之相處，男人實在不知所措。再加上同梯的男性人數如果比較多，這些人同時還會成為與自己爭奪出頭機會的對手。由於在年齡上沒有絕對的上下關係，男人便會下意識地想要壓制對方、爭取站在「上風」的位置。

而所謂的「同梯聚會」，就是一場彼此較勁被委派了什麼厲害的工作、在公司的評價有多高，想辦法要踩在別人頭上的周而復始角力戰（不過這種原始的競爭心態，倒也確實成為公司整體往前衝的動力）。

另外，「跳脫常軌」的狀況也讓男人十分困擾。例如，「雖然同梯但因為是碩士畢業，所以年紀比我大」，或是在成果導向主義的公司經常會出現「年紀比我小，卻是上司」的情形，就會令男人感覺到：「這已經不屬於縱向社會的規則了！」而開始心生不安。

崇尚「女人越年輕越好」的社會風氣，讓女人深感威脅而內心糾結

女人感到頭大的對象則是「年紀比自己小的女性」。

或許有人認為，「一團和氣的橫向社會」不是不分年齡的嗎？但女人確實能感受到「女人越年輕越好」這股風氣的威脅。這些「年紀比自己小的女人」，明明工作能力不及自己，在世人眼中的評價卻（似乎）相當高，大多數女人當然難免會不舒服。因此，表面上看起來關係親暱，其實內心忌妒得要命，巴不得對方離自己越遠越好。

為了掩飾這種心情，有些女性會故意表現出歐巴桑的姿態說：「年輕就是什麼都好啦。」「我已經老囉。」以此自嘲自貶。也許是因為無法老實說出：「我就是看不慣年輕人處處得寵。」態度才會變得越來越奇怪吧。女性的人際關係真是複雜呀。

以「不即不離」的態度經營同事關係，才能融洽相處，又不失去自我的存在感

要擺脫這些惱人的意識，無論男女都要有「不即不離」的概念。**對於同梯的男性，男人不要莫名地將對方視為競爭對手、也無須為了愚蠢的小事跟對方撕破臉。**表現不即不離的態度，保持一定的交情才是明智之舉。

有時候，**同梯男性其實是可以幫上忙的，與他們維繫良好的關係，不但能獲得有用的資訊，在必須與強敵正面交鋒時，他們也可能成為你的堅強後盾。**

對於即將陷入劍拔弩張的同梯男性們，女性最好充當和事佬，趕緊化解雙方之間的緊張狀態。「你們這些同梯的夥伴感情真好呀！」先給對方戴上這頂高帽子，就比較不會出現「我跟他又不是朋友……」這種擺臭臉的窘境了。

相對地，**女性則要試著拋開「一定要跟對方成為好朋友」的強迫症。要知道，一起工作的女同事和女性友人是不一樣的。**女同事只是剛好跟妳進了同一家公司共事，並不是因為與妳志同道合才聚在一起。因此，覺得對方無趣或合不來也無可奈何，只要對方不至於妨礙自己的工作，不妨學學男人與「男同事」維持君子

之交的相處方式吧。只要能與關係略為緊繃的對手重新展開良性的互動，相信也能和「年紀比自己小」的女性相處融洽。

雖然這有點因人而異，但大多數女性都喜歡和既酷又擁有「自我世界」的女性做朋友，這可能是因為對方擁有自己不具備的部分，因而特別讓人憧憬。所以，**不需要特意去討好或欺負別人，與他人維持有點黏又不會太黏的關係，營造出獨自的存在感就行了。**

男人可以在不破壞女性的「橫向社會」前提下，來置入「縱向社會」的規則。對於需要指導後輩的女性，男性不妨告訴她：「妳就多教她一點吧！」「我信任妳！」讓她明白自己的存在價值不容置疑。女人在職場上受到了肯定，對於年輕女性老是被捧在手掌心上而產生的不安或焦躁，相對會減輕許多。

無論男女，同性之間的溝通難度，並不亞於異性之間。千萬不要認為「同性之間的問題就別管那麼多了」，於是任由它隨意發展，而是應該在不過度干涉的範圍內，盡量伸出援手。這麼一來，職場的工作氣氛也會更為融洽。

溝通魔法關鍵句

談到不擅相處的對象時

你們這些同梯的夥伴感情真好啊！

「現在是誰比較出風頭？」「我聽說○○的工作績效很好哦。」這些都是最糟糕的話題。男人最喜歡「夥伴」這兩個字了，即便對方反駁：「我們不算什麼夥伴啦，就只是同梯而已。」內心也不會覺得不高興。

○○小姐還沒辦法獨當一面，妳就多教她一點吧？

「妳也很年輕呀！」「二十幾歲跟三十幾歲都一樣啦！」這些都是最糟糕的回應。不要提及年齡或外表，把焦點放在「工作技巧」上，畢竟這裡是職場啊。

後記

面對和自己合不來的人，應該如何相處？

在日常生活中，每個人多少都聽過這樣的抱怨吧——

「男（女）人就是這樣，真是傷腦筋。」

「瞧，女人不管做什麼都是憑感覺。」……

男人的價值、有女人味、男子漢、好女人……我們都會下意識地以「男人／女人」的觀點，來看待周遭人們的言行舉止（當然，要確認不會有性騷擾的嫌疑才會說出口）。

會以「男性化」或「女性化」的方式來區分，代表其中應當有一定的基準或原則可循。試著將這個部分重新整理或確認，便是本書最主要的出發點（十足的男性化觀點，真是抱歉了）。

在世人的眼中，擁有什麼樣的特質才叫男性化？在女性身上最常見的表徵又是什麼？我的主要目的便是以各種角度來分析這些「男女大不同的基本知識」，再將成果呈現給所有讀者。

男女為何大不同？
生物性、社會面和生活文明都會造成影響

本書據此所衍生的「男女學入門」，論述的立足點大致可分成以下幾項：首先是從「本能」與「生物性」的觀點出發，基於腦科學或生物學，將人類視為一種動物，來分析雄性與雌性的不同之處。這當中也包括了源自石器時代的狩獵習慣或生殖本能、腦部結構與荷爾蒙的組成等因素。

其次是從「社會面」和「現代生活」的角度探討。不同於探求原始時代雄性、雌性的關係，這裡是著眼於生存在現代、歷經文明演變，屬於社會性動物的人類，從這樣的基礎來分析男女的差異。具體來說，其中包括了婚姻生活中的男女、商

場上的男女，以及相互溝通時的男女。

市面上有許多書籍都是取其中之一為主軸來加以探究，本書則是集結各方論點，融會貫通後再取其精華。不過這畢竟是「簡單易懂的男女學入門」，因此內容將著重於「大家都是這麼說」、「自己也覺得滿有道理」等普羅大眾的真實體驗，至於學術上的正確與否就是其次了。

重點不在於說得準不準，而是藉此多了解和自己合不來的對象

之所以不採取學院派的縝密態度來分析男人與女人，還有另一個理由就是：「從結果來看，要將之簡單明瞭地分成兩大類，根本就是不可能。」「男人就是這樣、女人就是如此。」即便像這樣加以規格化，還是可能出現例外，也會有所誤差。太過於極端化，就會變得和星座占卜沒兩樣了。

檢視過書中的各個主題後，也可能有人覺得「我雖然是男性（女性），卻不會做出這種事」；甚至有不少人反映：「我的回應的確跟這個主題提到的一模一

樣，但在另一個主題卻是完全相反呀。」或許還有人會不滿地說：「搞什麼呀，沒有一點是猜中的！」

這些都是理所當然會發生的事。

「滿符合的／完全不符合」「猜中了／完全沒猜中」並不是本書的主要宗旨（當然啦，如果這部分讓大家覺得有趣，我也很開心），**我希望各位能把焦點放在「自己以外的人們」，也就是「如何跟合不來的人相處」**。

每章的最末尾都有一個「溝通魔法關鍵句」小單元，告訴大家「男人呀，對女人你應該這樣說」或「女人呀，對男人妳應該這樣說」。請各位把「對男人」的部分置換成「對這種人」，然後再整個重讀一次。

就拿「男人不明察，女人不明說」這個主題（20頁）的「溝通魔法關鍵句」為例——

你可以把「對男人，你應該這樣說」置換成「對不明察的人，你應該這樣說」；將「對女人，你應該這樣說」置換成「男人也好女人也罷，對於無法將事情條理分明說清楚的人，這樣的溝通方式才能讓彼此的對話順利持續」。其他的主題也可比照處理。

也就是說，為了將世人的溝通模式分成兩大類，提供「對A類型的人要這樣講話」、「對B類型的人，使用這種說詞才能順利溝通」等建議，本書才會使用「男、女」這樣的稱呼做為象徵或代名詞。

有理說不清時，就採用對方能接受的詞彙，先踏進對方的圈圈再說吧

依照這樣的定義，**本書中的「男女＝異性」也可以看成是「想法與自己不同的人」或「說話方式與自己完全相反的人」。**

要與自己完全不同類型的人心意相通，實在是相當辛苦的事，甚至可說是幾乎不可能。既然如此，不必刻意假裝懂得對方，我們就從彼此的不合之處開始看起吧。

我和這個人有理說不清啊。那麼，該怎麼辦呢？好吧，就算只能一知半解也好，先以彼此能接受的詞彙來溝通看看，先踏進對方的圈圈再說吧，反正也沒有

其他辦法了。

這就和我去俄羅斯旅行時，按照旅遊指南上的說明，先開口說：「您好！」（俄文）然後向店家點購「我要咖啡」（俄文）的狀況一樣。

學習該國的文化、融入當地人的生活等問題反倒成了其次，剛開始我也不知道為什麼，拿起旅遊指南就按照書上寫的，以奇怪的發音開口說話。光是能稍微與人交談幾句，內心就充滿了雀躍的成就感，甚至有種與對方心靈相通的感覺呢（就算是錯覺，至少我也順利點了一杯咖啡來喝）。

當然啦，最後如果能知曉該國的風土民情、對歷史背景等有更深度的理解，那就更棒了。不過，就算做不到這種程度也無所謂。

工作也好、家庭也好，甚至是日常生活中的各種溝通，就結果來看，不過就是一種技術性的「演出」。

只要表面上維持良好的關係就夠用了，不斷累積之後，慢慢就會變得順暢，總有一天就能真正與對方心意相通（吧）。

努力去理解和自己完全相反的「異性」，才能拓展人脈，變成一個更有趣的人

或許男人與女人終究無法靈犀相通，就像我們無論如何認真學習俄語，也不可能成為真正的俄羅斯人一樣。

不過——至少，雙方還能以語言相互溝通；至少，可以同時懂得兩種語言；至少，可以和對方一起喝喝咖啡。

這一點非常重要。

之前我也強調過好幾次，本書中的「男」與「女」只是一種代名詞，代表「溝通模式與自己大不相同＝言語上無法溝通、不能了解彼此想法的對象」。

與思考邏輯相仿、溝通模式也類似的人相處，當然是輕鬆愉快，說的話彼此都能聽懂，實在太讓人開心了。但是，光和這樣的人相處並無法拓展人脈；只與特定的人來往，最終將變成一個無趣的人。

因此，即使與對方話不投機，還是試著多聊幾句吧。我就是為了有意願這樣

試試看的人，才寫了這本書。

為了理解不同的文化而學習外語，為了追求刺激而前去海外留學，這樣的確都很棒，但首先還是應該從近在眼前的「外星人」、也就是周遭許許多多「溝通方式與自己大相逕庭」的人著手，試著互相了解吧。

為什麼對方會說出這種話？這個人為什麼要以如此的方式說話呢？

希望您與周遭「溝通不良的人們」，彼此相處時漸入佳境、總有一天能夠心意相通。我衷心地這樣期盼，並且為您加油、打氣。

心靈方舟 4006

男人為何不明察，女人幹嘛不明說

——37 個辨識溝通性格的方法，關鍵場合這樣得體應答

（初版書名為：《男人總是狀況外，女人永遠不明說：37 個辨識溝通性格、磨合彼此差異的相處潛規則》）

作　　者　五百田達成
譯　　者　陳怡君
插　　畫　陳瑞秋、巧　可
美術設計　陳瑞秋、耶麗米工作室
責任編輯　郭玢玢（初版）
　　　　　陳嬿守（二版）

副總編輯　郭玢玢
總 編 輯　林淑雯
社　　長　郭重興
發行人兼出版總監　曾大福
出 版 者　方舟文化／遠足文化事業股份有限公司
發　　行　遠足文化事業股份有限公司
　　　　　23141 新北市新店區民權路 108-2 號 9 樓
　　　　　電話：（02）2218-1417　傳真：（02）8667-1851
　　　　　劃撥帳號：19504465　　戶名：遠足文化事業股份有限公司
客服專線　0800-221-029
E-MAIL　service@bookrep.com.tw
網　　站　www.bookrep.com.tw
印　　製　通南彩印股份有限公司　電話：（02）2221-3532
法律顧問　華洋法律事務所　蘇文生律師
定　　價　350 元
初版一刷　2016 年 4 月
二版四刷　2020 年 1 月

國家圖書館出版品預行編目（CIP）資料

男人為何不明察，女人幹嘛不明說：37 個辨識溝通性格的方法，關鍵場合這樣得體應答 / 五百田達成著；陳怡君譯．-- 初版．-- 新北市：方舟文化出版：遠足文化發行，2018.05
面；　公分．--（心靈方舟）

譯自：察しない男 明しない女
ISBN　978-986-95184-6-8(平裝)
1. 人際傳播　2. 說話藝術　3. 兩性關係

177.1　　107006504